Esperando con alegre esperanza

Reflexiones diarias para
Adviento y Navidad
20

Susan

Traducido por
Luis Baudry-Simón

LITURGICAL PRESS

Collegeville, Minnesota

www.litpress.org

Nihil Obstat: Rev. Robert C. Harren, J.C.L., *Censor Deputatus*
Imprimátur: ✠ Most Reverend Donald J. Kettler, J.C.L., Bishop of
Saint Cloud, February 17, 2023.

Diseño de portada por Monica Bokinskie.
Arte de portada cortesía de Getty Images.

ISSN: 2689-5552 (edición impresa); 2689-5560 (edición en línea)
ISBN: 978-0-8146-6831-3   978-0-8146-6833-7 (ebook)

Introducción

El primer domingo de Adviento del año pasado, al comienzo de la misa de las 8:00 a. m. en nuestra ciudad de las Montañas Rocosas, el mundo del otro lado de los vitrales estaba aún a oscuras . La nieve que caía sobre las carreteras las había convertido en un reto. Sin embargo, la iglesia se llenó de una energía espléndida y cálida cuando los asistentes se unieron fervientemente a los músicos en el canto de entrada: "Oh, ven, oh, ven, Emmanuel". Se alzaron las voces y brillaron los rostros cuando la asamblea se unió en esa antigua letanía de Antífonas de la O, reclamando su parentesco con siglos de fieles que han entonado las esperanzas, temores y anhelos de ese himno en la época más oscura del año.

Los cristianos solemos decir que somos un "pueblo de la Pascua", y sin duda es cierto: la resurrección de Cristo, con su promesa de salvación, lo es todo. Sin embargo, estas semanas de invierno también nos hablan de nuestra situación como personas que somos llamadas, siempre y en todas partes, a mantener la esperanza a pesar de las "sombras de la noche" que se manifiestan en nuestras vidas en forma de enfermedad, soledad, tristeza y, finalmente, muerte.

¡Cuánto tiene que enseñarnos este tiempo de Adviento y Navidad sobre la práctica de la fe durante todo el año! La espera del Adviento nos entrena en una paciencia esencial. Las virtudes frecuentemente marcadas en sus cuatro domingos —esperanza, amor, alegría y paz— se hacen eco del futuro eterno prometido a los fieles, al tiempo que nos recuerdan

que incluso ahora podemos compartir estos dones con nuestro hastiado mundo. El Tiempo de Navidad nos recuerda la
fidelidad eterna de Dios, invitándonos a descansar en la
seguridad del amor divino, a vivir nuestra fe decididamente
mientras la liturgia repite las maravillas del nacimiento e
infancia de nuestro Salvador.

Es triste, pues, que estas semanas se vivan a menudo como
algo rápido, ajetreado, fugaz. Para muchos, si es que lo llegan
a reconocer, el Adviento desaparece en un borrón de anhelos
inquietos e intentos frenéticos de diseñar la fiesta perfecta.
Las dos semanas de Navidad se convierten en algo secundario, un tiempo para recuperarse.

Pero has abierto este libro, indicando un deseo de hacer
espacio, de centrarte en las Escrituras de la temporada. El
papa Francisco ha animado a esta práctica diaria, haciendo
hincapié en que no debemos demorarnos en buscar a Dios,
sino que debemos aprovechar el momento presente como el
tiempo adecuado. El presente, después de todo, es donde
vivimos. Es donde Dios nos encuentra.

Con ese espíritu, espero que este libro te ayude a saborear
cada día de la celebración del Adviento y la Navidad de este
año. Rezo para que te anime a reclamar tu parentesco con
todos aquellos que, de generación en generación, han encontrado tanto consuelo, tanta alegría luminosa, en estas cono-
cidas palabras de la Escritura.

*Oh, ven, oh, ven, Emmanuel. Haznos ir más despacio, ayúdanos
a escuchar. Consuélanos, rescátanos, libéranos.*

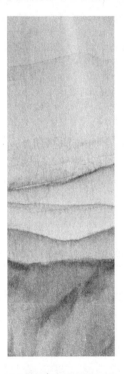

PRIMERA SEMANA DE ADVIENTO

La disciplina de la esperanza

Lecturas: Isa 63, 16b-17, 19b; 64, 2-7; 1 Cor 1, 3-9; Mc 13, 33-37

Escritura:
El testimonio que damos de Cristo ha sido confirmado en ustedes a tal grado, que no carecen de ningún don ustedes, los que esperan la manifestación de nuestro Señor Jesucristo (1 Cor 1, 6-7).

Reflexión: Como símbolo de esperanza, la primera vela de la corona de Adviento invita a esperar con gozo la celebración del nacimiento de Cristo y otras muchas alegrías que ofrecen los tiempos de Adviento y Navidad.

Todo el mundo anhela la esperanza, pero apuesto a que tu experiencia, al igual que la mía, ha puesto de relieve lo difícil que es mantener la esperanza durante un periodo de sequía prolongada. Pablo reconoció este hecho, recordando a los romanos que los que tienen esperanza se encuentran por definición en un estado de espera suspendida, basada en la confianza: un estado vulnerable a los susurros de la duda y la distracción. Incluso la disciplinada santa Teresa de Ávila se enfrentó a estas tentaciones. "Vela con cuidado", aconsejó a su alma, "que todo se pasa con brevedad, aunque tu deseo hace lo cierto dudoso, y el tiempo breve, largo".

Sin embargo, hay una forma de mantener segura nuestra esperanza, una disciplina adoptada por Pablo, Teresa y legiones de cristianos comunes: mientras esperamos, podemos comprometernos a vivir como si realmente, de verdad, creyéramos que la venida de Jesús es inminente, reformando nuestros corazones *ahora*, buscándole activamente *hoy*. Nuestra primera lectura nos invita a hacer precisamente eso, animándonos a identificarnos como personas que, a pesar de las transgresiones del pasado, anhelan la venida de Dios, y están dispuestas a reconciliarse, firmes en la fe.

Este año, el Adviento es lo más breve que puede ser: sólo dura veintidós días. Por eso, más que nunca, las próximas semanas ofrecen una invitación a practicar y mantener una firme esperanza. ¿Qué rituales diarios de oración, lectura y caridad puedes incorporar a esta breve temporada, para afirmar tu fe y tu esperanza?

Meditación: Trabajar para crear algo bello puede ayudar a fomentar una paciente esperanza durante el Adviento. Una opción sencilla es colocar en el marco de la ventana bulbos de narciso (narcisos pequeños y fragantes) que se encuentren en reposo vegetativo, para que florezcan en invierno (búscalos en centros de jardinería o hipermercados). Y algo más importante, revive una amistad dormida "regándola" con amor y llevándola al sol de la atención continua.

Oración: Espíritu Santo, que la esperanza fiel y paciente inspire mis prácticas de Adviento este año.

4 de diciembre: Lunes de la primera semana de Adviento

Soñar con un acuerdo entre las naciones

Lecturas: Is 2, 1-5; Mt 8, 5-11

Escritura:
De las espadas forjarán arados . . .
ya no alzará la espada pueblo contra pueblo,
   ya no se adiestrarán para la guerra (Is 2, 4).

Reflexión: "¿Pero no será Ucrania 'noticia vieja' para cuando se publique tu libro?", pregunta mi amiga. Al oírme reflexionar "de las espadas forjarán arados", se pregunta si estaré aludiendo a la invasión rusa de Ucrania. "Eso sonó fuerte", se disculpa. "Pero ya sabes lo que quiero decir. Para entonces habrá nuevas guerras".

Ella tiene razón. El sufrimiento de cada conflicto es igual de crudo y atemporalmente trágico.

Un aspecto especialmente doloroso de esta repetición es su costo para la prosperidad humana. Los conquistadores, la mayoría de las veces, se encuentran con que los recursos que esperaban explotar se han convertido en un caos devastador, incapaz de producir agricultura o cualquier otra cosa, dejando a potenciales trabajadores aturdidos, afectados, resentidos.

¿Cuándo aprenderán? como solíamos cantar en mi idealista juventud sesentera. El ciclo de violencia agresiva parece inquebrantable, desgarrador en su previsibilidad.

Sin embargo, la combinación de la primera lectura y el Evangelio de hoy nos invita a imaginar un futuro diferente. La escena idealista de Isaías ofrece un sueño de armonía (y soñar, se dice, es un primer paso hacia el hacer). El relato de Mateo presenta un notable precedente de distensión, de tregua, en este mundo, al describir a un comandante militar que, pese a ser representante de los odiados ocupantes romanos, se humilla en fe. Esa historia demuestra que nada es imposible para Dios: ni la sanación física, ni la sanación de la enemistad cultural.

Inspirándonos en el espíritu de esperanza del Adviento, atrevámonos a resistir nuestra antigua tendencia a la guerra tribal. Mediante nuestras palabras y acciones, ayudémonos a nosotros mismos y a los demás a imaginar cómo podría ser la paz.

Meditación: Aunque poner fin al triste ciclo de los conflictos internacionales se encuentre fuera de nuestro alcance, cada uno de nosotros tiene la capacidad de consolar a las víctimas de la guerra. Si tu comunidad acepta refugiados, considera la posibilidad de acercarte personalmente a los recién llegados. Hazte amigo de alguna familia; invita a alguien a tomar un café o a comer; ayuda a desconocidos a conocer nuevos lugares y costumbres acompañándolos a la tienda de comestibles o a la consulta del médico.

Oración: Que pueda caminar en la luz de tu paz, Salvador amoroso, dando ejemplo de ella a los demás.

Paz entre las personas

Lecturas: Is 11, 1-10; Lc 10, 21-24

Escritura:
La vaca pastará con la osa
  y sus crías vivirán juntas . . . (Is 11, 7)

Reflexión: La Escritura de hoy retoma el tema de la paz, evocando la esperanza no sólo de un acuerdo improbable entre las naciones, sino de la paz entre los seres individuales.

La visión del paraíso de Isaías es especialmente sorprendente porque los "individuos" en cuestión son bestias: criaturas que solemos imaginar como irracionales y movidas por su propio interés, que viven como si confiaran en que hay recursos suficientes para todos.

Pero tal vez no sea tan inimaginable después de todo. Los videos de las redes sociales muestran a cachorros y alces dormitando juntos, crías de cabra y crías de león en alegres juegos grupales, perros y gatos domésticos en dulce armonía. Incluso los miembros antagónicos de una misma especie animal pueden asombrarnos con su improbable armonía, como ocurrió hace poco en mi propia casa cuando mi gata anciana agonizaba. Mi gata más joven, a la que siempre había intimidado, se acercó a ella mientras yacía intentando recordarle a cómo beber de su cuenco. Temerosa de venganza, me acerqué a ellas y vi cómo la más joven tocaba con simpatía su hocico con el de su antigua adversaria.

Si ellas pueden, nosotros también, ¿no? Pero nuestra racionalidad, nuestra larga memoria de agravios, y las historias defensivas que nos contamos sobre los demás parecen impedirlo.

Se produce una excepción durante las catástrofes, cuando los desconocidos olvidan sus diferencias, se consuelan mutuamente, trabajan juntos. Se ha sugerido que el trauma comunitario nos obliga a replantearnos nuestras cómodas nociones de singularidad personal y nos hace más conscientes de la vulnerabilidad y los intereses comunes.

Las Escrituras de Adviento hacen lo mismo al recordarnos el anhelo y la esperanza que compartimos todos. Al escuchar la voz de Dios en esta temporada, recordemos este terreno común y abramos nuestros corazones los unos a los otros.

Meditación: Si siguieras el ejemplo de Isaías y dibujaras un cuadro del paraíso, ¿quién sería el ser humano más improbable de tu vida cotidiana que descansara en paz a tu lado? Reza para encontrar un terreno común; haz una lluvia de ideas sobre lo que podrías hacer este Adviento para sanar la relación.

Oración: Padre amoroso de todos los seres vivos, enséñame a vivir en armonía con mi prójimo.

6 de diciembre: Miércoles de la primera semana
de Adviento (San Nicolás)

Cuidar el rebaño

Lecturas: Is 25, 6-10a; Mt 15, 29-37

Escritura:
Jesús llamó a sus discípulos y les dijo: "Me da lástima esta
gente . . ." (Mt 15, 32).

Reflexión: ¡Cuán llena de ecos está hoy la liturgia!, El Evangelio nos invita a maravillarnos ante las obras de Jesús, el
más grande de todos los pastores, en el día de la fiesta de
otro pastor maravillosamente generoso y desinteresado: san
Nicolás de Mira.

Como sabes, el san Nicolás de la historia era una persona
muy distinta del "san Nicolás" que aparece "La noche antes
de Navidad". Obispo del siglo IV en Asia Menor, conocido
por el amor que le tenía a su pueblo, rechazó una vida pri-
vilegiada para ponerse al servicio de Dios. Según la leyenda,
este líder servidor redimió a muchachas pobres de la pros-
titución, salvó la vida a marineros hostiles calmando una
feroz tormenta e incluso revivió a niños asesinados para ser
comida durante la hambruna. Se le han dedicado muchísi-
mas iglesias: sólo en la época medieval, cuatrocientas.

Pero Nicolás, al igual que Cristo, tuvo claridad y valor
cuando el mal amenazaba. Se dice que se enfrentó con celo
a la herejía de Arrio, derribó templos paganos y desafió con

valentía a la autoridad para conseguir la liberación de prisioneros inocentes.

Los verdaderos siervos de Dios, como sugiere esta imagen completa, comprenden que tanto la caridad como la fuerza son necesarias en sus momentos adecuados, como lo hizo su mentor original, Cristo. No son empalagosos ni inflexibles, sino que se adaptan a las circunstancias, entregando misericordia por aquí y corrección por allá, y juzgando lo que es apropiado según la luz de la verdad de Dios.

Que el Espíritu Santo inspire a quienes enseñan y orientan a los seminaristas y sacerdotes de hoy, a los educadores religiosos y ministros, y a todos los que dirigen e influyen en nuestra Iglesia, para que susciten futuros pastores según este modelo.

Meditación: ¿Conoces a algún sacerdote, diácono, profesor o ministro de cualquier tipo cuyo servicio combine amor y justicia, generosidad y rigor, compasión y dirección? Escribe hoy una nota de admiración, en honor a Nicolás, para alguien que sea un buen pastor en tu vida.

Oración: Dios de misericordia y poder, ayúdame a ser flexible y a discernir cuando sea llamado a guiar a otros.

Perseverar a pesar de las tormentas

Lecturas: Is 26, 1-6; Mt 7, 21, 24-27

Escritura:
"Vino la lluvia, bajaron las crecientes, se desataron los vientos y dieron contra aquella casa; pero no se cayó . . ." (Mt 7, 25).

Reflexión: Hace poco, después de una sesión de masajes en un hospicio, me detuve a la puerta de una modesta casa rural, para visitar a la madre de una niña de diez años que está muriendo de cáncer cerebral. Gracias a Dios, el tratamiento que le ofrecí pareció darle al menos un consuelo y un alivio temporal del dolor. Relajada y sonriente, la joven Emmy había transmitido mis caricias al gatito que tenía en el regazo, acariciando su pata mientras yo le masajeaba a ella el brazo, su cabeza cuando yo acariciaba la suya. Así ambos se sumieron en un sueño tranquilo.

Aunque cabría esperar que un padre en una situación así se desespere, la madre de Emmy se estaba acercando a Dios. "No podemos imaginar por qué sucedió esto y, sinceramente, a veces nos enfadamos con Dios", confesó. "Pero Brent y yo, e incluso los demás niños, seguimos diciéndonos que ahora mismo lo único que tenemos que hacer es creer. La fe es todo lo que tenemos".

La razón por la que buenas personas se enfrentan a estos tipos de pruebas es una pregunta antigua y sin respuesta.

Lo único cierto es que los caminos divinos son realmente misteriosos.

El Evangelio de Mateo ofrece una luz importante cuando los problemas nos tientan a dudar de la alianza de Dios, ya sean catástrofes como la que afrontó la familia de Emmy o interrupciones menores de nuestros preciados planes. Y llegarán, como el desgaste de la mortalidad y el cambio asaltan tarde o temprano las casas construidas sobre cimientos de roca *o* las que lo están sobre la arena.

Lo que prometen las Escrituras no es una vida sin preocupaciones, sino la seguridad más profunda y duradera de que la fe nos ayudará a mantenernos firmes a través de esas pruebas para deleitarnos finalmente en la presencia de Cristo, cuando todo sufrimiento haya pasado.

Nadie dijo que "esperar con alegre esperanza" iba a ser fácil. Sin embargo, por difícil que sea a veces cultivar la confianza en un futuro celestial lleno de alegría, debemos perseverar. Al fin y al cabo, esa disciplina no sólo forma parte de nuestro deber cristiano, sino que también puede convertirse en el bote salvavidas que, como a aquella pequeña familia, nos libre de naufragar en la desesperación del aquí y el ahora.

Meditación: ¿Te distraen las preocupaciones de la vida de la preparación gozosa de este Adviento? Dile a Dios cómo te sientes, compartiendo tus frustraciones, miedos y enojo de manera sincera. Ora para sentirte renovado y sostenido en la esperanza.

Oración: Que cuando lleguen las pruebas, Señor, me apoye en el firme fundamento de la confianza en ti.

Aceptar el trabajo que se nos encomendó

Lecturas: Gn 3, 9-15, 20; Ef 1, 3-6, 11-12; Lc 1, 26-38

Escritura:
María contestó: "Yo soy la esclava del Señor; cúmplase en mí lo que me has dicho" (Lc 1, 38).

Reflexión: La fiesta de la Inmaculada Concepción es una celebración relativamente reciente, que data oficialmente del decreto del año 1854 del papa Pío IX. Sin embargo, la creencia en la pureza de María ya había sido adoptada por legiones de católicos. No me extraña; sin duda, la mujer elegida por Dios para dar a luz a su Hijo debía ser ejemplar.

Ciertamente, hoy María demuestra ese carácter trascendente en el relato evangélico de la Anunciación. Aunque al principio queda anonadada por las palabras del ángel Gabriel, que le predice un futuro tan asombrosamente distinto del que se debió imaginar cuando era una joven modesta y socialmente desconocida, María no tarda en asentir, manifestando su absoluta adhesión a la voluntad de Dios.

Es una historia que inspira asombro y señala el camino para el resto de nosotros. Porque también nosotros nos enfrentaremos a "anunciaciones" a medida que se desarrolla nuestra vida, ocasiones en las que oportunidades inesperadas, encuentros "casuales", fracasos, pérdidas y dones celestiales sirvan de mensajeros que nos llamen a unos caminos de servicio que inicialmente parecen incomprensibles y desalentadores.

¿Percibiremos la voz del misterio, confiando como lo hizo María en que Aquel que nos llama nos sostendrá a través de las dificultades que parecen sobrepasar nuestra capacidad? ¿O desestimaremos la llamada por miedo, pereza, falta de fe o adhesión obstinada a un statu quo que hemos superado?

Nunca podremos aspirar a la pureza de María, eso está claro. Pero todos nosotros podemos esperar hacernos eco de sus obedientes palabras, seguros de la verdad de que, como escribió John Henry Newman, "todo el que respira" tiene un papel específico, diseñado por Dios, que desempeñar.

Meditación: Dedica un tiempo durante el Adviento a meditar sobre una representación artística de la Anunciación: un cuadro o estatua de tu iglesia, una obra de arte reproducida en Internet o en un libro. Empápate de su inspiración y piensa en las lecciones de humildad y confianza que te ofrece.

Oración: Dame la gracia, Padre Celestial, de aceptar las llamadas que me envías, por extrañas que parezcan al principio.

9 de diciembre: Sábado de la primera semana de Adviento

El carisma de la sanación

Lecturas: Is 30, 19-21, 23-26; Mt 9, 35-10, 1, 5a, 6-8

Escritura:
Después, llamando a sus doce discípulos, les dio poder para expulsar a los espíritus impuros y curar toda clase de enfermedades y dolencias (Mt 10, 1).

Reflexión: Aunque ya no utilizamos el término "espíritus impuros" para referirnos a la enfermedad humana, el Evangelio de hoy nos habla con fuerza de nuestro anhelo de tener salud. Si padeces una enfermedad o una discapacidad de cualquier tipo, puedes imaginarte entre los enfermos que buscaban la sanación de los discípulos. Si amas a alguien que está sufriendo, envidiarás a quienes pueden acceder a estos sanadores inspirados por el Espíritu.

¡Ojalá esos sanadores anduvieran hoy entre nosotros! Pero tal vez sí; al menos, la experiencia de algunos trabajadores de la salud que conozco sugiere que la ayuda celestial todavía sigue disponible. "Fue como si algo se apoderara de mí y me guiara", dijo un día tomando café una enfermera católica. "Cuando aquel paciente comenzó a respirar de nuevo, dije espontáneamente en voz alta, sin pensarlo de antemano: 'Gracias, Espíritu Santo'". Un consejero de salud mental confesó: "A veces, la pregunta adecuada surge de la nada. Esos momentos parecen simplemente inspirados. *Vaya, ¿de dónde salió eso?* Me pregunto".

18   *Primera semana de Adviento*

Es posible que también hayas sido testigo de este tipo de circunstancias fuera del ámbito médico, como cuando palabras impremeditadas sanan un conflicto en la familia o en el lugar de trabajo, o cuando te escuchas a ti mismo hablar de repente con ternura para calmar el pánico de otra persona, a pesar de tu propia ansiedad. Puede que se trate de pequeñas y modestas muestras de inspiración, pero también desempeñan un papel importante en la sanación del mundo.

"Carisma" puede parecer un concepto importante, más propio del pasado remoto que del presente. Sin embargo, este carisma distintivo de sanación todavía nos alcanza como discípulos de hoy, envolviéndonos, obrando a través de nosotros como las palabras y las manos del Padre.

Meditación: Reserva tiempo para compartir historias de sanación o de haber sido sanado en un grupo religioso en tu casa o parroquia. Escucha ejemplos de la intervención del Espíritu Santo en la acción humana, y da gracias. Deja que estas historias te hagan más consciente de cuándo el Espíritu Santo llega a tus circunstancias, buscando tu ayuda para sanar diversas heridas.

Oración: Espíritu de Dios, ayúdame a ser alguien que comparte tu paz dondequiera que se necesite sanación.

SEGUNDA SEMANA DE ADVIENTO

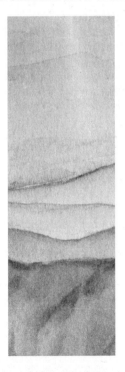

10 de diciembre: Segundo domingo de Adviento

Amor atento

Lecturas: Is 40, 1-5, 9-11; 2 Pe 3, 8-14; Mc 1, 1-8

Escritura:
Que todo valle se eleve,
    que todo monte y colina se rebajen;
que lo torcido se enderece y lo escabroso se allane (Is 40, 4).

Reflexión: La liturgia de hoy es una delicia, con metáforas e imágenes tan eternamente atractivas que sus ecos adornan tanto a *El Mesías* de Haendel como a éxitos cristianos contemporáneos.

En el contexto histórico de Isaías, estas metáforas no eran sólo ideas bonitas, sino que conllevaban asociaciones muy específicas, evocando la accidentada topografía de Judá, que se extendía en altura desde 1300 pies por debajo del nivel del mar hasta 3300 pies sobre el nivel del mar. Viajar por aquel paisaje montañoso y árido era duro y peligroso. En el mundo de la audiencia de Isaías, la Escritura de hoy expresaba exactamente las promesas que este pueblo habría querido escuchar, las de un Padre atento a sus luchas.

¡Ojalá el amor que nos ofrecemos mutuamente pudiera estar tan específica y atentamente enfocado! Demasiado a menudo, con las prisas y el ensimismamiento, nos limitamos a decirnos obviedades cariñosas: ¡Te deseo todo el amor del mundo! ¡Espero que pronto te sientas mejor! sin tomarnos el tiempo de ver y entender lo que el otro necesita realmente.

Estos clichés, incluso bienintencionados, pueden tener consecuencias tristemente imprevistas, particularmente durante el mes de diciembre, cuando muchas personas se sienten más deprimidas que nunca, excluidas de la felicidad general de la temporada. Los saludos y deseos alegres y superficiales que parecen no ver ni comprender realmente a la persona que sufre pueden desencadenar un ciclo doloroso: *Nadie quiere escuchar mis problemas. Nadie se imagina ni se preocupa por lo que necesito.*

Al celebrar hoy el amor encendiendo la segunda vela de la corona de Adviento, pidamos seguir el ejemplo de nuestro Dios extendiendo una mirada atenta y personalizada.

Meditación: ¿Puedes identificar a personas en tu parroquia, en tu trabajo o entre tus familiares/amigos que agradecerían recibir ayuda en esta temporada, ya sea emocional o práctica? Intenta averiguar qué es lo que más necesitan y dedícate a ofrecérselo durante la temporada que se avecina.

Oración: Padre amoroso, haz de mí una persona siempre atenta a las dificultades de los demás, siempre dispuesta a allanar sus caminos.

Listo para el asombro

Lecturas: Is 35, 1-10; Lc 5, 17-26

Escritura:
Todos quedaron atónitos y daban gloria a Dios, y llenos de temor, decían: "Hoy hemos visto maravillas" (Lc 5, 26).

Reflexión: Aunque la palabra "maravilla" ahora se utiliza para describir cualquier cosa excelente ("¡El postre estuvo de maravilla!"), su raíz proviene del latín *mirabilia*, que significa "admirable". En sentido estricto, algo maravilloso trasciende los límites de lo que puede explicarse de manera racional, como un milagro.

Aunque algunos se burlan de los milagros como proyecciones ridículas de mentes supersticiosas, C. S. Lewis sostenía que en realidad tienen una especie de sentido lógico en un universo creado por Dios cuyas maravillas aumentan nuestra capacidad de comprensión. Los milagros, sugiere, son "un recuento en letras pequeñas de la misma historia que está escrita en todo el mundo en letras demasiado grandes para que algunos de nosotros las veamos". Los milagros, en otras palabras, son un punto de entrada para nuestras perspectivas limitadas, una herramienta para ayudar a nuestros ojos inexpertos a aprender a sentirse cómodos con la propensión divina a obrar de formas que van más allá de nuestra comprensión.

Las sanaciones extraordinarias relatadas en la Escritura de hoy funcionan de esa manera, ofreciendo a los espectadores una visión de lo que es posible con Dios. En particular, el momento en que los hombres descuelgan a su amigo por entre las tejas del techo, (que, francamente, siempre imagino al estilo de los "Monty Python") recoge una verdad fundamental: cuando comencemos a comprender de lo que Dios es capaz, no podremos contenernos.

Sí, puede parecer arriesgado abrir la mente a posibilidades que trascienden las suposiciones del mundo sobre lo que es posible. Sin embargo, si nos llamamos seguidores de este Jesús que obra maravillas, no tendremos más remedio que estar dispuestos a asombrarnos.

Meditación: Durante esta temporada en la que se celebra el mayor milagro de todos los tiempos, afirma tu fe en los milagros en compañía de santos y místicos que han escrito sobre la maravillosa intervención divina en sus vidas. Reserva tiempo durante el Adviento para explorar los escritos de místicos históricos como Hildegarda de Bingen (1098-1179) o Faustina (1905-1938), o los de un místico más reciente como Thomas Merton (1915-1968).

Oración: Abre mis ojos, Señor. Ayúdame a percibir la luz de tu rostro, siempre resplandeciente, a través de la superficie aparentemente cotidiana de este mundo.

A la Virgen le encanta nuestra música

Lecturas: Zac 2, 14-17 o Ap 11, 19a; 12, 1-6a, 10ab; Lc 1, 26-38 o Lc 1, 39-47

Escritura:
Apareció entonces en el cielo una figura prodigiosa: una mujer envuelta por el sol . . . (Ap. 12, 1).

Reflexión: "Fue un día precioso", recuerda Gabriela. Como refugiados de México, ella y su familia habían esperado con entusiasmo su primera celebración americana de la Virgen de Guadalupe. "Tia, mi hija de dos años, no podía dejar de mirar las decoraciones especiales. Cuando el grupo de mariachis comenzó a tocar, sus ojos se agrandaron. 'Sí, la Virgen también está aquí, en los Estados Unidos. ¡Y le encanta nuestra música, igual que en su país natal!' Le dije. Después de eso ya no fue tan tímida en la iglesia".

Probablemente conozcas la aparición de la Virgen María en México (1531) que celebramos hoy, y la visión de santa Bernardita en Lourdes (1858). Pero ¿sabes que también ha aparecido en todo el mundo, en Sudamérica (Ecuador), Estados Unidos (Wisconsin), África (Ruanda) y Asia (Japón)?

"Esas visitas nos demuestran que cada uno de nosotros está siempre en su radar", me aseguró una vez una hermana religiosa mientras hablábamos de este increíble legado. Luego me aconsejó una práctica mariana informal de la que he llegado a depender en tiempos difíciles. "Cuando necesites a María", me aconsejó, "atrévete a imaginar que está amorosa y gloriosamente ante ti. Deja salir los sentimientos de falta de dignidad; imagínatela. ¿Cómo te tranquiliza? ¿A qué necesidades se anticipa? ¿Qué te pide que hagas? ¿Qué bendición especial, propia de tu cultura y circunstancias, te da?"

¡Qué alegría celebrar hoy a esta gloriosa Madre colectiva, que ama todas nuestras canciones!

Meditación: Los católicos de todo el mundo crean pequeños santuarios, dentro y fuera de casa, como lugares especiales para la oración, adornándolos simplemente con velas, flores, imágenes, etc. Al comenzar esta temporada, tan llena de la presencia de María en las Escrituras, considera dedicar un espacio en tu casa para la comunión diaria con la Santísima Virgen, embelleciéndolo con objetos sencillos, y quizás realzando tu oración allí con música.

Oración: Santa María, madre de Dios, ruega por mí; mantenme siempre en tu mirada de amor.

Anhelo de luz

Lecturas: Is 40, 25-31; Mt 11, 28-30

Escritura:
Pero aquellos que ponen su esperanza en el Señor, renuevan
    sus fuerzas;
    les nacen alas como de águila,
corren y no se cansan,
    caminan y no se fatigan (Is 40, 31).

Reflexión: Es probable que la escasa luz diurna en invierno
haya supuesto un reto para el bienestar mental de los seres
humanos desde el principio de los tiempos. Hoy en día, los
"racionales" ya no celebramos rituales mágicos en Stone-
henge ni ofrecemos sacrificios a los dioses del sol, pero la
"depresión invernal" genérica y el trastorno afectivo estacional dan fe del efecto todavía atroz de las largas noches de
invierno. La luz del sol no sólo ofrece vitamina D y seguridad
frente a los depredadores, sino también aliento emocional y
espiritual.

La fiesta de santa Lucía, que los cristianos escandinavos
celebran en pleno invierno, responde con encanto y poder
de afirmación de la fe a esta necesidad visceral de luz. En la
profunda oscuridad invernal de esa latitud, los niños reco-
rren sus comunidades llevando coronas de velas encendidas
que representan la corona de luz que lleva santa Lucía. Al

regresar a casa, las jóvenes coronadas "Lucías" sirven café y pasteles a sus familias.

Qué manera tan profunda de recordar a la santa, en la que se hace hincapié en el resplandor siempre presente de la promesa de Dios que vio Lucía. Si bien era ciega, mantuvo esta "visión" a pesar de la tortura y el sufrimiento. El resplandor espiritual que brilla en su corona de santidad susurra: *Mantén la fe. La oscuridad no es más que un momento.*

En estos días más cortos de diciembre, saquemos consuelo y valor de lo que sabía Lucía: cuando la oscuridad amenaza, sólo tenemos que mirar a nuestro Salvador, y calentarnos en su luz inagotable.

Meditación: Honra a Lucía llevando luz a los demás. ¿Qué ayuda en tareas pesadas, qué escucha paciente, qué gestos cariñosos podrías ofrecer a alguien que está luchando por "mantener la fe" a pesar de la oscuridad de una fe vacilante o de la soledad?

Lleva también la luz de temporada a tu hogar. Programa una luz con temporizador para que tu salón principal te reciba alegremente cada mañana o cuando llegues a casa del trabajo; enciende velas especiales por la noche.

Oración: Cristo amoroso, apiádate de mí cuando mi espíritu esté desanimado por la oscuridad literal o figurada. Ayúdame a iluminar con esperanza la vida de los demás.

14 de diciembre: San Juan de la Cruz

Fijarse en los detalles

Lecturas: Is 41, 13-20; Mt 11, 11-15

Escritura:
Pondré en el desierto cedros,
    acacias, mirtos y olivos . . .
para que todos vean y conozcan,
    adviertan y entiendan de una vez por todas,
que es la mano del Señor la que hace esto . . .
        (Is 41, 19-20).

Reflexión: ¡Qué forma tan maravillosa tiene Isaías de utilizar imágenes concretas para pintar cuadros para sus oyentes! ¡Cómo invita a los corazones de sus oyentes a dar saltos de alegría, imaginando los tonos verdes y dorados de las plantas, sus aromas dulces y especiados de madera, flores y frutos, sus ramas torcidas contra el cielo, sintiendo la maravilla encarnada del amor de Dios!

Un amigo profesor solía decir que los estudiantes tenían que ser "campeones de la observación" para escribir bien. Tenían que convertirse en personas que no se conformaran con registrar una escena genérica de "árboles bonitos", sino que se dedicaran a captar las particularidades de una escena con todo lujo de detalles. A través de su empeño en detenerse y observar, en utilizar nombres precisos en letanías evocadoras, Isaías demuestra claramente este hábito, transmi-

tiendo su reverencia contagiosa por el mundo creado por
Dios

Ojalá siempre nos tomáramos el tiempo para saborear
nuestras bendiciones con tanto detalle agradecido. Pero la
presión y la pereza a veces nos nublan la vista, como cuando
me sorprendí a mí misma apresurándome en la oración de
la noche hace varios días. "Gracias por dejarme trabajar hoy
en el hospicio", dije, y luego añadí con cierto descuido: "Y
por la hermosa puesta de sol". Evocando a Isaías y dedicán-
dome a una sesión más larga, reduje la velocidad y enumeré
los detalles con una atención que *demostró* mi gratitud, ob-
sequiando a Dios la historia de la mujercita temblorosa que
se relajó en mis manos, el naranja ardiente de la puesta de sol.

El consejo clásico "mostrar, no contar" es esencial tanto
para rezar bien como para escribir bien.

Meditación: Antes de rezar esta noche, recuerda algunos
momentos en los que hayas sentido especialmente el toque
de Dios. Luego recuéntalos en la oración, saboreándolos
amorosamente en el recuerdo, dejando que la atención y el
detalle encarnen el amor.

Oración: Padre de todas las bendiciones, de toda la belleza,
de toda la bondad dada y recibida, has derramado muchí-
sima gracia a lo largo de mi día. Un momento por el que
estoy especialmente agradecido/a fue . . .

15 de diciembre:
Viernes de la segunda semana de Adviento

Sobre estar satisfecho

Lecturas: Is 48, 17-19; Mt. 11, 16-19

Escritura:
. . . Yo soy el Señor, tu Dios,
   el que te instruye en lo que es provechoso,
   el que te guía por el camino que debes seguir (Is 48, 17).

Reflexión: Siempre es triste y frustrante encontrarse con personas que nunca están satisfechas. Ya sean jefes, empleados, desconocidos gruñones que esperan en las filas de pago u oficinas o, Dios no lo quiera, seres queridos, las personas así amenazan con convertirse en una fuente contagiosa de ingratitud. Intenta complacerles cambiando las cosas, y encontrarán algo nuevo de lo que quejarse. Si pasan cosas buenas, buscarán siempre un "pero". Ese comportamiento no es simplemente molesto. Como bien saben los psicólogos, el hábito de decir cosas negativas a largo plazo puede afectar negativamente a las relaciones y a la salud mental y física.

En el Evangelio de hoy, Jesús reprende a sus escépticos contemporáneos que se hacen de la vista gorda ante el mensaje esencial de Juan el Bautista, y el del suyo propio. Comparando a sus oyentes con niños caprichosos, lamenta que se muestren decididos a no creer, e insta: "El que tenga oídos para oír, que lo escuche" (Mt 11, 15).

El papa Francisco ha identificado el descontento crónico como signo de una relación rota con Dios. Aquellos cuya fe en el mensaje de Jesús se mantiene firme, escribe, recurrirán con confianza a una fuente interior de consuelo cuando se sientan menospreciados o agraviados en las circunstancias terrenales, sabiendo que Dios los protegerá y alimentará abundantemente en todos los aspectos importantes.

Ojalá que quienes entre nosotros no son felices pudieran percibir la copa rebosante de bendiciones que Dios ofrece tan gratuitamente para que las tomemos. Ojalá los demás pudiéramos animarlos con un regocijo constante, con una fe fundada en la seguridad de que ¡nuestro destino es el bien!

Enséñanos esas cosas para nuestro bien, oh, Dios, ya desde este momento.

Meditación: Si sientes que caes en una insatisfacción crónica, observa el Adviento con atención a los signos de la gracia. Podrías anotar observaciones rápidas de bendiciones en un pequeño cuaderno de bolsillo y basarte en ellas para una oración orientada a los detalles como se describía en la meditación de ayer. Si alguien a quien quieres tiene dificultad para el agradecimiento, añade un componente de "las cosas buenas de hoy" a la conversación de la cena familiar (¡nadie se puede librar!).

Oración: Ayúdame a reconocer la abundancia de mi pasto, oh, Pastor Cristo, siempre que me tiente la insatisfacción.

Sanación maravillosa

Lecturas: Eclo 48, 1-4, 9-11; Mt 17, 9a, 10-13

Escritura:
Escrito está de ti que volverás,
  cargado de amenazas, en el tiempo señalado,
  para aplacar la cólera antes de que estalle,
  para hacer que el corazón de los padres se vuelva hacia
    los hijos . . . (Eclo 48, 10-4).

Reflexión: "Perdonar es lo más difícil para mucha gente", dice mi joven amiga consejera mientras tomamos un café. "Especialmente en esta época del año". Sin traicionar la confianza, habla de familias aún divididas por duras palabras pronunciadas, actos dolorosos realizados hace mucho tiempo. "Y cuanto más unidos estaban los padres y los hijos, más difícil les suele resultar perdonar".

Asentí con la cabeza, pensando en mis propias luchas pasadas para perdonar a mis seres queridos, incluso cuando el daño que me infligieron no había sido deliberado. Me recuerdo a mí misma que debo seguir esforzándome con amor por la reconciliación en una relación que no está completamente rota, pero que está empañada por una desconfianza autoprotectora.

Qué maravilloso es entonces, en sentido literal, que la Escritura de hoy nos invite a confiar en que el Rey del Amor acabará sanando todas esas heridas, aunque nos parezcan trágicamente condenadas a enconarse.

Y aún más asombroso es darse cuenta de que nuestro Padre, Dios, no está esperando el final de los tiempos para darnos el perdón, a pesar de nuestra tendencia continua a decir palabras duras y a realizar actos hirientes. Lo único que nos queda por hacer ahora es buscar la reconciliación . . . y los brazos se abren de par en par.

Por supuesto, es raro el ser humano que pueda siquiera aproximarse a tan maravillosa clemencia. Dada nuestra naturaleza, es difícil dejar atrás los sentimientos heridos y volver a ser vulnerables. Pero en el espíritu del amor, el tema de la próxima semana de Adviento, nos debemos a nosotros mismos y a los que amamos el intentarlo.

Meditación: Recuerda las divisiones de tu propia vida. ¿Quién te ha hecho daño? ¿A quién has hecho daño? Elige una situación que te cause un dolor especial y reza para que tu corazón se libere de toda ira o herida enconada. Toma medidas concretas: cuando te encuentres alimentando la amargura, cambia deliberadamente tus pensamientos recordando y celebrando los buenos momentos que has pasado con esa persona. Imagina cómo podrías hacer las paces, o cómo sonaría una disculpa verdadera y cariñosa o una expresión de perdón, palabra por palabra. No te apresures. Considera diversas posibilidades, acostumbrándote a esta orientación sanadora. Cuando llegue el momento, acércate.

Oración: Príncipe de la Paz, quédate a mi lado mientras trato de volver a estar en armonía con los que amo.

TERCERA SEMANA DE ADVIENTO

17 de diciembre: Tercer domingo de Adviento

Elegir el júbilo

Lecturas: Is 61, 1-2a, 10-11; 1 Tes 5, 16-24; Jn 1, 6-8 ,19-28

Escritura:
Me lleno de júbilo en mi Dios . . . (Is 61, 10).

Reflexión: "¡Es el domingo rosa!", exclamó la niña después de la Misa, dando vueltas con su vestido pomposo de ese mismo tono. "¡Lleva usted el mejor color, padre!", felicitó al sacerdote que había estado conversando conmigo. "¡Y mi mami está haciendo un pastel rosa para esta noche!"

El término apropiado para este tercer domingo de Adviento, por supuesto, es Domingo de *Gaudete*, de la palabra latina que significa "regocíjense". En siglos anteriores, ofrecía un respiro a las disciplinas del Adviento parecidas a las de la Cuaresma; hoy sigue alentando sonrisas mientras encendemos las terceras velas de nuestras coronas de adviento en alegre expectación de la cada vez más cercana celebración del nacimiento de Cristo.

Expresar el júbilo como lo hacemos hoy tiene un lugar venerable en el culto cristiano. Nada menos que el erudito y teólogo santo Tomás de Aquino, el tipo de hombre del que cabría esperar que desaconsejara la frivolidad, se pronunció calurosamente en su favor. Para santo Tomás de Aquino, el júbilo constituía un signo externo de la fe, una prueba de la disposición caritativa del alma y de su amor a Dios. La alegría santa era una virtud, escribió, que debía cultivarse activamente como un "hábito operativo", incluso un deber cristiano.

Así que desechemos cualquier sensación de que no debemos estar "demasiado contentos" antes de la llegada del día de Navidad. En este "domingo rosa", disfrutemos, deleitémonos incluso, en el amor divino.

Meditación: Un personaje de una de las canciones de la cantautora Joni Mitchell habla de "sacrificar . . . tristeza" como requisito previo para buscar el amor humano. Esa frase hace años ayudó a salvar mi vida durante un periodo de pensamientos suicidas, inspirándome a entregar radicalmente mi pena y depresión a Dios, pidiendo desde lo más profundo de mi dolor que me infundiera el consuelo y la alegría del amor divino.

¿Te impide unirte hoy a la celebración de la Iglesia la tristeza o un sentimiento de indignidad? Pide a Dios que te ayude a cavar hondo y a encontrar la alegría que yace en lo más profundo de tu corazón.

Oración: Dios amoroso, que un suave espíritu de alegría llene y sane mi corazón hoy.

Personajes secundarios

Lecturas: Jr 23, 5-8; Mt 1, 18-25

Escritura:
Cuando José despertó de aquel sueño, hizo lo que le había mandado el ángel del Señor (Mt 1, 24).

Reflexión: San José es uno de los santos más queridos, declarado patrono de la Iglesia universal por el papa Pío IX en 1870, objeto de oraciones especiales y recientemente honrado con un año eclesiástico especialmente dedicado a él (2021).

Aunque la Biblia escasea en detalles sobre la vida de este hombre ejemplar, lo que sabemos demuestra una virtud rica y variada. El Evangelio de hoy destaca la obediencia de José, su corazón compasivo y su atención a las indicaciones de Dios. Otras historias demuestran su civismo al cumplir con el censo, su valentía ingeniosa en la huida a Egipto y su preocupación paternal al buscar a Jesús perdido en el templo.

Sin embargo, podría decirse que la virtud más asombrosa de José es la humildad, manifestada en su disposición a desempeñar un papel de personaje secundario en la historia de Jesús y María. ¡Qué maravilloso precedente cotidiano sienta este gentil rasgo para el resto de nosotros, que rutinariamente nos encontraremos en situaciones incómodas o pasaremos desapercibidos en el papel de "personal de apoyo" en trabajos, matrimonios, amistades y crianza de los hijos!

Tal vez conozcas o seas un *José* en este preciso momento, enfrentado a exigencias derivadas de las circunstancias de una persona dependiente. Estos *Josés* pasan largas horas llevando a sus seres queridos a las citas médicas y cuidando de ellos en casa; trabajan horas extras para mantener a las familias cuando el Espíritu Santo ha inspirado a los cónyuges a retomar la escuela o a abrazar una llamada a un empleo menos remunerado pero significativo. Escuchan a amigos en crisis y llevan a los niños a clases de piano. Se deshacen en elogios y dejan brillar a los demás.

¡Oh, ustedes, los justos! ¡su recompensa será grande en el cielo!

Meditación: ¿En qué historia actúas como personaje secundario? ¿Quién interpreta ese papel en la tuya? Pide a José que bendiga a todos aquellos que hacen que el camino de los demás sea más fácil y que los ayude a crecer en desinterés y amor.

Oración: Dios de José, permíteme abrazar el servicio humilde como una noble vocación.

Sea lo que sea que pidas . . .
Con un toque especial

Lecturas: Jue 13, 2-7, 24-25a; Lc 1, 5-25

Escritura:
"Eres estéril y no has tenido hijos; pero de hoy en adelante, no bebas vino, ni bebida fermentada, ni comas nada impuro, porque vas a concebir y a dar a luz un hijo" (Jue 13, 3).

Reflexión: Isabel se habría alegrado mucho al recibir la noticia de su embarazo. En el antiguo Israel, la descendencia significaba respeto y estatus, prueba del favor de Dios, continuidad familiar, seguridad de los padres en la vejez. Ella y su marido llevaban tanto tiempo esperando que se había desvanecido toda esperanza.

Pero el hijo de Isabel y Zacarías no habría sido lo que ellos esperaban: no un hijo "normal" y obediente, sino un profeta y un habitante del desierto que vivía de langostas y miel silvestre y subvertía el orden establecido. Los artistas han sugerido de manera fantasiosa que Juan Bautista no era como los demás niños, pintándolo con los ojos muy abiertos, inquieto y más grande que un bebé normal, vestido con ropa de piel de animal mientras juega con su primo Jesús.

Tal vez sea ir demasiado lejos, pero teniendo en cuenta cómo se manifiesta la personalidad en la infancia, parece justo suponer que podría haber sido un niño travieso. Por muy devotos que fueran Isabel y Zacarías, es posible que de vez en cuando desearan tener un hijo "normal" y aburrido. Sin embargo, fue precisamente a través de este hijo poco convencional como ambos alcanzaron un legado intemporal de renombre y honor.

"Pidan y se les dará", nos asegura Jesús. Y debemos pedir, y hacer, como hicieron Isabel y Zacarías, ¡aunque siempre es mejor anticipar que Dios puede tener sus propias ideas sobre el resultado de esa petición!

Meditación: ¿Recuerdas cómo reaccionaste ante la noticia de que ibas a tener un hijo (o ante el reconocimiento incipiente de que podrías llegar a ser una influencia para el hijo de otra persona como padrino, mentor, amigo o maestro favorito)? ¿Cuáles fueron tus primeros deseos o expectativas para ese pequeño? ¿Ha evolucionado la realidad de forma diferente, de manera que parece llevar el sello de Dios? Medita sobre la sabiduría divina que nos moldea a cada uno con propósitos que sirven a un fin que nosotros, los mortales, no podemos prever.

Oración: Dame fe y fuerza, Dios del Misterio, cuando las circunstancias resulten distintas de lo que yo esperaba.

20 de diciembre:
Miércoles de la tercera semana de Adviento

Listos para recibirle

Lecturas: Is 7, 10-14; Lc 1, 26-38

Escritura:
El ángel le dijo: "No temas, María" (Lc 1, 30).

Reflexión: El Evangelio de hoy vuelve a la Anunciación, recordándonos que esta rica narración tiene capas que brotan a lo largo de múltiples relecturas. En este caso, el contraste entre la primera lectura y el Evangelio invita a una reflexión más profunda, ya que ambos describen respuestas a un mensajero de Dios.

Si bien tanto el rey Acaz, en el primer caso, como la Virgen María, en el segundo, reciben una noticia trascendental, sus conciencias provocan reacciones muy diferentes. Consciente de su propio pecado sin resolver (traicionar a Judá en una alianza asiria y permitir santuarios paganos), Acaz, claramente nervioso, intenta evadirse de hablar con Dios. María, "llena de gracia" y libre de cualquier sentimiento de haber ofendido al Señor, abraza el mensaje del ángel y la voluntad de Dios.

La hora de la verdad: Teniendo en cuenta tu propia conciencia, ¿cómo responderías si un mensajero de Dios se apareciera ante ti ahora mismo? A todos nos gustaría imaginarnos tan puros que, como María, pudiéramos acceder con naturalidad y rapidez a lo que se nos pidiera en nombre de Dios. Pero hablando por mí, recuerdo más de una ocasión en la que, de haberme sucedido eso, me habría temblado la conciencia y podría haber dicho con voz ronca: "¿Podrías regresar mañana?"

¿Cuál es *el estado* de tu conciencia mientras nos preparamos para celebrar el nacimiento de Cristo? ¿Eres consciente, como Acaz, de haber cansado a Dios con la transgresión o la duda?

Incluso ahora suenan los primeros ecos de esas trompetas: Él es el rey de la gloria.

Este es el momento de prepararnos para recibirle.

Meditación: La señal de que un perro se ha portado mal y teme el castigo es obvia: evita a su dueño. De manera similar, Dios siempre puede saber cuándo estamos espiritualmente apagados, y nuestros propios corazones también pueden hacerlo. Aprovecha los próximos días para examinar con franqueza el estado de tu alma y emprende la limpieza necesaria en el sacramento de la Reconciliación, para que tu "¡Sí!" suene con alegría en la Navidad.

Oración: Crea en mí, oh, Dios, un corazón puro, para que pueda estar libre de temor al acoger tu venida.

Amor verdadero

Lecturas: Cant 2, 8-14 o Sof 3, 14-18a; Lc 1, 39-45

Escritura:
"Apenas llegó tu saludo a mis oídos, el niño saltó de gozo en mi seno" (Lc 1, 44).

Reflexión: ¿Quién, con su mera presencia, hace que tu corazón salte de alegría? ¿Se trata de un cónyuge o pareja, padre o hijo, amigo querido . . . o, para tu suerte, varios de los anteriores?

¿Qué cualidades de una persona inspiran tal efecto? Al principio, la emoción del amor romántico bien podría estar provocada por la belleza física, que la primera lectura de hoy evoca tan gloriosamente como un enamorado "saltando por los montes" (Cantar de los Cantares 2, 8). Pero si esa primera pregunta te ha hecho pensar en rostros queridos—y rezo para que así sea—ya sabes que un amor perdurable brota de pozos más profundos. No se basa en ilusiones ni proyecciones y persiste a pesar de los malentendidos que asolan amistades, matrimonios y relaciones entre padres e hijos por igual, admirando lo mejor de la persona amada. Respeta las diferencias y busca el crecimiento del otro. Se deleita en el deleite del otro. Es a la vez cómodamente estable y siempre creciente.

Las Escrituras de hoy nos animan a imaginar ese amor maravilloso y fiel encarnado en la presencia divina. La impresionante poesía amorosa del Cantar de los Cantares a menudo se interpreta como una alegoría del amor de Cristo por su esposa, la Iglesia; el Evangelio de Lucas demuestra lo instintivo que es para los fieles deleitarse en la presencia de Cristo.

¿Sigue tu corazón saltando con la alegría del domingo pasado, mientras te preparas para celebrar el amor perfecto? ¿Cómo puedes compartir esa alegría con los seres humanos que amas?

Meditación: Dedica tiempo a meditar sobre Cristo como amante, hermano o amigo ideal. ¿Cómo ha obrado para sacar lo mejor de ti, te ha invitado a soñar en grande y te ha ayudado a crecer en la fe hacia la unidad con Él? ¿Qué defectos ha perdonado una y otra vez? ¿Cómo te ha inspirado confianza en su amor mutuo? Reza con regocijo; puedes, tal vez, escribirle un poema de amor.

Oración: Ayúdame siempre a descansar seguro en tu gloriosa y persistente fe en mí, Cristo amoroso.

Dones multiplicados

Lecturas: 1 Sm 1, 24-28 Lc 1, 46-56

Escritura:
"Por eso, ahora yo se lo ofrezco al Señor, para que le quede consagrado de por vida" (1 Sm 1, 28).

Reflexión: Siempre recordaré mi sorpresa cuando Cecilia (llamémosla así) me invitó a unirme a ella para dirigir la música en la Misa. La voz de Cecilia era increíble: una rica mezzosoprano con un enorme registro y un hermoso timbre vocal. La mía está entrenada pero no tiene nada de especial, ha sido transformada por la edad en un alto tenor limitado. Esa invitación no sólo me alegró el corazón, sino que también me animó a aprender a cantar en polifonía, algo que llevaba tiempo imaginando pero que nunca había hecho, con la esperanza de aportar algo nuevo.

Diez años después, me he dado cuenta de que la capacidad de generosidad de Cecilia es tan predecible y rica como su habilidad para el canto. Brilló durante su carrera como contable, cuando trabajaba durante los descansos y las horas de almuerzo para de esa manera ganar tiempo libre para cantar en los funerales. Ya jubilada, dedica muchas horas a decorar la iglesia, organizar el ministerio de música, etc. También es consejera dispuesta y comprensiva con quienes acuden instintivamente a ella, acercándose después de la Misa para pedirle unos minutos por aquí, una mañana por allá.

¡Cuán maravillosamente Cecilia multiplica los dones de Dios, compartiendo abiertamente energía y recursos con la comunidad, como lo hizo Ana! Al igual que el "sí" de María, su abnegación ofrece un canal para la gracia y las bendiciones que necesitan los demás, riquezas siempre renovadas de la Fuente de todos los bienes.

¿Qué vas a regalar a tu comunidad esta Navidad? ¿Qué le darás a Dios?

Meditación: ¿Conoces a alguna "Cecilia" cuya generosidad con los dones que Dios le ha dado marque una enorme diferencia, inspirando a otros a maravillarse ante la santa bondad que genera a tales personas? Ora en acción de gracias, pero recuerda también que, aunque estos donantes parezcan estar siempre alegres, también, como todo el mundo están sujetos al agotamiento, al cansancio oculto y a la duda sobre sí mismos. Hacen sacrificios para dar lo que tienen.

Encuentra una manera de apoyar a estos donantes en tu vida. Expresar afirmaciones es bueno; ofrecerte como voluntario para emplear tus propios dones para asumir parte de las responsabilidades que conllevan es aún mejor.

Oración: Alzo hoy mi voz en agradecimiento, Dios generoso, por todos los que dan. Bendícelos abundantemente en esta Navidad y siempre.

23 de diciembre: Sábado de la tercera semana de Adviento

Soportar en esperanza

Lecturas: Mal 3, 1-4, 23-24; Lc 1, 57-66

Escritura:
¿Quién podrá soportar el día de su venida? ¿Quién quedará en pie cuando aparezca? Será como fuego de fundición, como la lejía de los lavanderos (Mal 3, 2).

Reflexión: Tal vez fui una niña demasiado seria y sigo siendo una adulta demasiado seria, pero aunque formo parte de las multitudes a las que les encanta el coro del "Aleluya" en *El Mesías* de Haendel, tan a menudo interpretado durante esta temporada navideña, siempre he encontrado que el canto de un reducido número de personas es más conmovedor. La pieza ("¿Quién podrá soportar el día de su venida?") es una repetición de un solo versículo de la lectura de hoy del profeta Malaquías.

Este momento musical, que aparece casi al principio de la composición (en lo que podríamos llamar la "sección de Adviento"), es proclamado por una sola voz de oscura belleza. Aparece como un contraste abrupto (un gran momento "oh, oh", lo llamó una vez mi director de coro de la universidad), interrumpiendo las expresiones de alegría entusiasta ante la perspectiva de la elevación de los valles con una súbita comprobación de la realidad: ese día también traerá el juicio.

La pregunta "quién podrá soportar" sigue siendo muy buena. Tanto en nuestra época como en el contexto del siglo XVIII de Haendel, después de todo, sin importar cuántos "Aleluyas" proclamemos, seguiremos siendo pecadores. ¡Ser conscientes de ello puede hacernos temblar! Sin embargo, nuestra fe infunde esperanza, proclamando que nuestro Salvador nos ama y concederá una gracia inimaginable e inmerecida a quienes le sigan. En lugar de obsesionarnos con la imposibilidad de ser "dignos", estamos llamados a cumplir los mandamientos, servir a los demás, arrepentirnos cuando fallemos y confiar en las promesas de Cristo.

Sí, puede que aún necesitemos ser refinados "como a la plata y al oro" (Mal 3, 3). Pero los resultados van a ser maravillosos.

¿Quién puede soportar? En realidad, todos los que aman al Salvador y siguen su camino.

Meditación: Imagina que "pronto entrará en su santuario el Señor" (Mal 3, 1) y ha llegado la hora del juicio. Con espíritu de "Aleluya", imagina los aspectos de tu vida en los que Dios "te recuerda, siguiendo sus caminos" (Is 64, 4) y da gracias por ellos. Ahora reconoce los lugares que todavía necesitan pulirse, y da gracias por la gracia.

Oración: Cristo misericordioso, permíteme anticipar tu venida con confianza agradecida, humilde y esperanzada.

CUARTA SEMANA DE ADVIENTO

24 de diciembre: Cuarto domingo de Adviento

Practicar la paz

Lecturas: 2 Sm 7, 1-5, 8b-12, 14a 16; Rom 16, 25-27; Lc 1, 26-38

Escritura:
Lo plantaré allí para que habite en su propia tierra. Vivirá tranquilo y sus enemigos ya no lo oprimirán más (2 Sm 7, 10).

Reflexión: La paz, celebrada hoy con la última vela de Adviento, es sin duda una de las condiciones más necesarias para la prosperidad humana. Cuando una tierra está asolada por la guerra o la inestabilidad, la gente no puede enfocarse en formar una familia, trabajar de forma productiva o servir a Dios. A nivel micro, las hormonas que mueven a la lucha o a la huida inundan nuestro cuerpo cuando estamos estresados, aumentando la presión arterial, arruinando el sueño y volviéndonos inquietos e irritables.

Es natural, pues, que nuestras almas se eleven ante la proclamación de la paz divinamente ordenada en el Evangelio de hoy. Irónicamente, el cuarto domingo de Adviento de este año cae en Nochebuena, cuando cultivar la paz puede resultar especialmente difícil. Para muchas personas, el 24 de diciembre es un día frenético y lleno de presiones; las colas son largas y los temperamentos cortos; hay prisas de última hora para comprar, envolver regalos, decorar, preparar la comida. Si miras a tu alrededor en la Misa de Nochebuena, seguro que ves algunos rostros cansados y distraídos.

Ésa era mi realidad hasta que, hace unos años, mi consejero espiritual me dio un consejo estupendo: dedicar el 24 de diciembre a descansar de las actividades que me producen estrés. Me sugirió priorizar y planificar de antemano lo esencial a lo largo del mes de diciembre; ser totalmente realista sobre lo que es posible y prometer que todo lo que no se haya hecho antes de las 9:00 p. m. del 23 de diciembre es prescindible. Planifica algo agradable, discreto y no negociable con amigos o familiares el 24 de diciembre: una excursión al aire libre, una fiesta de cocina o decoración. Reserva algo de tiempo a solas para meditar sobre las lecciones del Adviento.

¿Cómo encontrar la paz en Nochebuena? Estoy aquí para decirte: si "descansas junto al camino fatigado" en este día tan especial (haciendo eco del viejo villancico, "Vino en lo sereno de medianoche"), es posible que, de vez en cuando, puedas "escuchar cantar a los ángeles".

Meditación: ¿Cómo puedes cultivar la paz en tu corazón y en tu hogar en medio del ajetreo de hoy día? ¿Puedes liberar a otra persona (o a ti mismo) de una determinada expectativa navideña? ¿Qué tipo de pausa individual o colectiva te ayudaría a ti o a tus seres queridos a cultivar un espíritu de paz hoy?

Oración: Jesús, dijiste a tus discípulos: "¡La paz esté con ustedes!" (Juan 20, 19). Tranquiliza mi paso y calma mi corazón hoy. Prepárame para concentrar todo mi ser en saludarte.

TIEMPO DE NAVIDAD

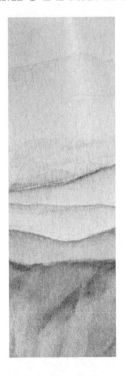

Gran alegría para todos

Lecturas:
VIGILIA: Is 62, 1-5; Hch 13, 16-17, 22-25; Mt 1, 1-25 o 1, 18-25
NOCHE: Is 9, 1-6; Tit 2, 11-14; Lc 2, 1-14
AURORA: Is 62, 11-12; Tit 3, 4-7; Lc 2, 15-20
DÍA: Is 52, 7-10; Heb 1, 1-6; Jn 1, 1-18 o 1, 1-5, 9-14

Escritura:
Que todos los pueblos y naciones
   aclamen con júbilo al Señor (Ps 98:4).

Reflexión: Después de tanto esperar, de tanto prepararnos,
¡ha llegado nuestro día festivo! Tal vez estés leyendo esto
todavía adormilado después de la Misa de medianoche. O tal
vez acabas de regresar de un servicio temprano en el día de
Navidad. Tal vez seas el único despierto en tu casa, disfru-
tando de la oportunidad de estar a solas con Dios. O tal vez
recurras a la oración después de tomar un desayuno festivo
y abrir los regalos. En cualquier caso, es maravilloso que en
un día en el que el caos de la felicidad puede distraer tanto,
hayas reservado tiempo para reflexionar sobre la fuente de
toda nuestra alegría.

Al hacerlo, deja que tu felicidad se multiplique al recordar
a la comunidad de cristianos de todo el mundo. Millones de
personas unidas en la fe celebran esta gran fiesta, y millones
la han celebrado antes que nosotros, transmitiéndonos sus

tradiciones festivas. Al igual que el antiguo "Oh, ven, oh, ven, Emmanuel" resuena en nuestro Adviento, las canciones navideñas con profundas raíces históricas animan las celebraciones modernas. La melodía de "¿Quién es este Niño?" ("Greensleeves") se originó en el siglo XVI, con letra navideña añadida a finales del siglo XVII; "Mientras los pastores vigilaban su rebaño" fue escrito en 1700. La vegetación de temporada decora las casas desde hace al menos seiscientos años. Incluso nuestros hermanos y hermanas en la fe que fallecieron hace tiempo encontrarían muchas cosas reconocibles en la Misa de Navidad de hoy.

No sé a ti, pero a mí pensar en esa continuidad me produce escalofríos de asombro. ¡Qué testimonio del anhelo humano por la misericordia de Dios, por la derrota de la muerte! Qué consuelo sentirse uno entre tal multitud de creyentes que han aceptado la promesa de Cristo, confiando en que le saludarán cuando regrese, y se encontrarán en su reino.

Alabado sea Dios, de quien provienen todas las bendiciones . . . especialmente esta bendición de la Navidad.

Meditación: Presta hoy especial atención a las costumbres navideñas familiares intergeneracionales que dan color a tu celebración. Recuerda y reza por aquellos que dieron origen, disfrutaron y transmitieron esas tradiciones distintivas.

Oración: Dios eterno, acepta hoy mi canto de alegría, como has aceptado tantos otros.

26 de diciembre: San Esteban

Iluminar la temporada

Lecturas: He 6, 8-10; 7, 54-59; Mt 10, 17-22

Escritura:
Pero Esteban, lleno del Espíritu Santo, miró al cielo, vio la gloria de Dios y a Jesús, que estaba de pie a la derecha de Dios (Hch 7, 56).

Reflexión: Llámenme anticuada, pero el 26 de diciembre me estremezco al ver árboles de Navidad sucios, apilados en las aceras como si fueran basura. Pienso en aquellos que tan tácitamente proclaman, ¡Eso quedó atrás!, que la fiesta anunciada con tanto entusiasmo ha terminado de manera decisiva un año más. El sentido de comunidad de diciembre, su licencia estacional para expresar el amor y el aprecio que no se expresa en otras épocas del año, se ha disuelto una vez más en el mundo ordinario. ¿Cuánto falta para el *Supertazón*?

¡Qué diferencia se manifiesta esta semana en nuestras iglesias, al comenzar propiamente la verdadera temporada navideña! Nuestros árboles recién armados y velas recién encendidas siguen brillando; las flores de pascua ahora ayudan al brillo del altar; los pastores y el niño Jesús han aparecido en el pesebre. Tenemos catorce días más para deleitarnos con este tiempo especialmente dedicado a recordar el nacimiento de Nuestro Señor, a maravillarnos ante los signos de gracia que marcaron sus primeros años.

Honremos esta fiesta extendiendo las amorosas costumbres de diciembre, manteniendo nuestro espíritu alegre, renovando nuestra esperanza incluso cuando el mundo que nos rodea deja que ese espíritu se desvanezca.

Y aún después de que nuestra prolongada celebración haya pasado, mantengamos cerca de nuestros corazones lo que Esteban sabía: que aquellos que "[miran] al cielo" con fe pueden experimentar el gozoso amor de nuestro Dios cualquier día del año.

Meditación: Considera la posibilidad de presentar nuevos rituales en tu hogar para marcar el comienzo de la temporada navideña. Las historias de la juventud de Jesús podrían inspirar juegos y manualidades infantiles anuales. Las referencias al esplendor de las lecturas podrían incitar a añadir bonitos adornos caseros reservados para la celebración posterior al Adviento. Incluso puedes honrar la antigua tradición planeando una reunión festiva para el 6 de enero en honor a la "Víspera de la Epifanía" o "Noche de Reyes" de este año, el último de los doce días de Navidad en la tradición popular.

Oración: Cristo siempre radiante, ayuda a mi corazón a mantenerse fresco durante todos los días de Navidad, a mi fe a permanecer brillantemente contagiosa.

Con nuestros propios ojos

Lecturas: 1 Jn 1, 1-4; Jn 20, 1a, 2-8

Escritura:
Lo que hemos oído y hemos visto con nuestros propios ojos
. . . es la Palabra de la vida . . . .
    . . . que es eterna, y estaba con el Padre y se nos ha manifestado a nosotros (1 Jn 1, 1-2).

Reflexión: Como trabajadora de la salud especializada en el cuidado de ancianos, Sarah se había considerado durante mucho tiempo experta en consolar a personas en crisis. Sin embargo, cuando su propia madre, ya anciana, perdió la salud física y mental, descubrió que no podía ofrecerse a sí misma el consuelo que tantas veces había ofrecido a los demás. Consumida por la ansiedad, descubrió que su corazón se aceleraba, que no podía conciliar el sueño y que su atención se dispersaba.

Sin embargo, cuando se acercaba el final, le llegó el consuelo de la propia moribunda, una persona de fe inquebrantable. Tuve el privilegio de estar presente durante las últimas horas de la anciana, ofreciéndole musicoterapia y caricias reconfortantes, maravillándome de su paz ante lo que estaba sucediendo. Su muerte, un suspiro y nada más, trajo a la habitación algo sagrado, misterioso, envolventemente seguro, una paz que todos sentimos.

Un ateo militante que escribe en nuestro periódico local se burló recientemente de los creyentes por su ingenuidad respecto a la creencia en una vida después de la muerte. Nada más que "viejas historias" de testigos poco fiables (como los discípulos) apoyan la esperanza de la resurrección, sentenció. Sólo un débil o un tonto entraría dócilmente en esa serena noche.

Como trabajadora de hospicio, siento discrepar. Durante casi diez años, he visto a miembros del Cuerpo de Cristo aceptar la gran transición con segura tranquilidad. En ese momento parecen saber mucho más que el resto de nosotros sobre lo que les espera, y sus respuestas sugieren cualquier cosa menos desesperación.

La resurrección de Cristo puede haber ocurrido hace milenios, pero todavía hay muchas pruebas visibles para asegurarnos de que nuestra "alegría sea completa" (1 Juan 1, 4).

Meditación: Si el miedo a la muerte te atormenta, estudiar la perspectiva de nuestra fe sobre la muerte y el envejecimiento puede ayudarte. Los sitios web católicos ofrecen cursos; algunos libros recientes ofrecen una perspectiva reflexiva e inspiradora. Hablar con una persona que ejerza el ministerio de atención a los moribundos (o seguir de cerca a alguna) puede ofrecer información significativa.

Oración: Cuando tiemble por el temor de dejar de existir, Señor, consuélame con la prueba del amor eterno hecho visible, para que yo también proclame la resurrección.

Transformar la compasión en amor

Lecturas: 1 Jn 1, 5–2,2; Mt 2, 13-18

Escritura:
  "En Ramá se ha escuchado un grito,
  se oyen llantos y lamentos . . ." (Mt 2, 18).

Reflexión: En mi "primer acto" como profesora, tuve la suerte de trabajar con jóvenes motivados por grandes aspiraciones y una increíble ética del trabajo. No se trataba de una universidad de élite, sino de una escuela estatal de admisión abierta, y la mayoría de estos estudiantes eran universitarios de primera generación que dependían tanto de la ayuda financiera como de un empleo a tiempo parcial.

Por eso me he sorprendido y preocupado en los últimos años cuando, como trabajadora de la salud itinerante que visita a pacientes en sus casas, me he encontrado con muchos jóvenes que parecen estar a la deriva. También he oído historias difíciles de padres, sobre drogas y otras adicciones y decisiones desgarradoras que se interponen entre sus hijos y el futuro que sueñan para ellos. Ni que decir tiene que esto ocurre en hogares que representan a todos los grupos demográficos de clase, etnia y religión, hogares en los que los padres han hecho todo lo humanamente posible para criar niños sanos, curiosos y comprometidos.

A veces, los niños problemáticos o infelices necesitan modelos adultos a seguir que no sean sus propios padres. Tías, tíos y abuelos solían proporcionar esos oídos atentos y esas voces orientadoras, pero hoy en día suelen vivir lejos.

Y ahí es donde podemos entrar nosotros, en este Día de los Santos Inocentes y durante todo el año. Naturalmente, honraremos este día rezando por los niños vulnerables de todo el mundo, pero no debemos olvidar a los niños de nuestros propios pueblos y ciudades que podrían necesitar la guía y el apoyo que nuestra amistad y atención podrían proporcionarles. Hay muchas formas de ayudar: a través de programas de tutores individuales, como voluntarios en un centro juvenil o en un programa extraescolar, convirtiéndonos en líderes de los niños exploradores (*scouts*) o asociándonos con un colegio para dirigir un nuevo grupo de interés.

Ese trabajo puede ser muy pesado, sí. Pero a través de él podríamos, figurativa o literalmente, salvar una vida.

Meditación: En lugar de juzgar a los jóvenes que tienen dificultades diciendo *aquel es una mala semilla*, podemos informarnos sobre las oportunidades que hay en nuestras comunidades para hacer voluntariados, servir y apoyar. Transformar la desaprobación teórica, o incluso la lástima, en un amor activo es una forma maravillosa de celebrar la fiesta de hoy.

Oración: Cristo compasivo, que el Evangelio de hoy me impulse a servir a los niños que están cerca y los que están lejos.

Pequeños tropiezos, graves pecados

Lecturas: 1 Jn 2, 3-11; Lc 2, 22-35

Escritura:
Quien afirma que está en la luz y odia a su hermano, está todavía en las tinieblas (1 Jn 2, 9).

Reflexión: Me gusta creer que el odio no está entre mis pecados íntimos. Rara vez guardo rencor; normalmente, me enfado conmigo misma, no con los demás. Pero las lecturas de hoy resuenan con una relevancia inquietante cuando recuerdo un suceso ocurrido hace tan sólo unos días.

¡Qué grosera fui, aunque en ese momento me excusara! Lo único que quería era guardar los atriles. Aunque cantar en la Misa de Nochebuena sea una bendición, también supone un gran compromiso, ya que hay que ensayar a primera hora del día, cantar villancicos antes del oficio y tocar una buena cantidad de música durante el mismo. Estaba lista para regresar a casa. Pero grandes grupos familiares de personas que nunca había visto se habían arremolinado alrededor el altar, para sacarse fotos con el pesebre tallado a mano de nuestra parroquia.

"¡Disculpen!", exclamé. Como no se movían, les di un codazo brusco.

Los pasos del ensimismamiento al resentimiento y al odio son cortos, y yo había avanzado definitivamente por ese camino. Si la gracia viviera en mí, me habría deleitado en la incómoda incursión de esta multitud en la iglesia, les habría hecho sentir como en casa. En lugar de eso, me convertí en un ejemplo de las antipáticas e hipócritas señoras de iglesia.

El término "pecado mortal" suele evocar grandes caídas. Pero los pequeños y descuidados tropiezos impulsados por el ego que nos separan, aunque sea momentáneamente, de nuestro Rey del Amor, también pueden resultar peligrosos a su manera.

Meditación: Observa tus interacciones con los demás, incluso las casuales, durante los días que quedan de Navidad. Observa dónde el ensimismamiento o el ajetreo te llevan a ser menos caritativo. Promete captar este pecado antes de que ocurra y sustituirlo por un comportamiento que refleje el espíritu amoroso de Cristo. Considera la posibilidad de reforzar este hábito anotando tus experiencias en un diario.

Oración: Haz de mí un canal de tu paz, Señor. Donde haya odio, incluido el odio que anida en mi propio corazón, ayúdame a cultivar tu amor.

Modelos para afrontar cambios inesperados

Lecturas: 1 Jn 2, 12-17; Lc 2, 36-40

Escritura:
De joven, había vivido siete años casada y tenía ya ochenta y cuatro años de edad (Lc 2, 36-37).

Reflexión: Como viuda que soy, me gustaría saber más sobre la vida de la viuda Ana; en particular cómo llegó a oír la llamada a pasar días y noches en el templo, orando y alabando a Dios, siendo, como la llama Lucas: "una profetisa" (Lc 2, 36). Me la imagino sintiéndose perdida tras la muerte de su esposo. Sin embargo, la gracia la condujo a una vocación radicalmente nueva. En lugar de dar un giro catastrófico, su vida se convirtió en algo profundamente satisfactorio, aunque diferente de lo que había imaginado: un hermoso servicio a Dios y a los demás.

Si alguna vez tus expectativas de futuro se vieron alteradas de forma abrupta, Ana te ofrece un poderoso modelo. No conocemos los detalles de su camino; casi seguro que el camino debió ser difícil, angustiante. Sin embargo, Ana descubrió claramente (como todos los que hoy nos vemos desplazados por la muerte de un ser querido, el fin de un trabajo, una crisis financiera, una discapacidad o una enfermedad) que abrirse a lo que Dios nos guía es más vivificante que negarse a seguir adelante.

Cuando la vida transcurre según lo previsto, es reconfortante saber que, cuando la "normalidad" se interrumpe, como inevitablemente ocurrirá, los santos como Ana y la multitud de santos cuyas vocaciones implicaron un cambio radical de planes (Ignacio de Loyola, Isabel Ana Seton, Maximiliano Kolbe) están esperando para ser nuestros guías.

Meditación: ¿Qué circunstancias de tu vida son imposibles de cambiar? Abre tu mente a la posibilidad de que esas circunstancias sean etapas de un plan complejo y variado. Eso no significa no amar este día, esta gente, este trabajo. Significa, sin embargo, hacer las paces con la realidad de que, en algún momento, tú también puedes ser llamado a un mañana inesperado.

Oración: Guíame, oh Dios, cuando el fin de las esperanzas altere mi mundo. Ayúdame a ir más allá de mis esperanzas y temores hacia nuevas y ricas tierras de pastoreo.

31 de diciembre:
La Sagrada Familia de Jesús, María y José

Amar a nuestras familias imperfectas y santas

Lecturas: Eclo 3, 2-6, 12-14; Col 3, 12-21 o 3, 12-17; Lc 2, 22-40, o 2, 22, 39-40

Escritura:
Sean compasivos, magnánimos, humildes, afables y pacientes. Sopórtense mutuamente y perdónense . . . (Col 3, 12-13).

Reflexión: ¿Alguna vez te lamentaste por un comportamiento imperfecto en una celebración familiar de Navidad? Si es así, estás en buena compañía, ya que tanto si la "familia" reunida era nuclear, extendida o un grupo de amigos, muchos seres humanos tienen dificultades para comportarse perfectamente en días festivos . . . o en cualquier día.

Hace poco encontré un cuadro de la Sagrada Familia que, pese a ser bonito, alimenta expectativas poco realistas. Representa a Jesús, María y José en su viaje a Egipto como viajeros relajados y perfectamente acicalados, sonriendo en un camino limpio entre rebaños ordenados y pastores amables. Hasta las ovejas están relucientes de limpias.

Sí, el mensaje entre líneas es presumiblemente su confianza absoluta en Dios. ¡Pero vamos! ¡Qué apresurada y ansiosa debió de poner a esta familia la amenaza mortal de

Herodes! Y la tensión, sin duda, se grabaría en sus rostros. El camino habría sido duro, los compañeros de viaje groseros, las vestiduras pronto cubiertas de lodo y polvo, el ambiente ruidoso con los sonidos de la gente y los animales, denso con olores ofensivos.

¿Una imagen menos bonita? Sin lugar a dudas. Pero, en definitiva, creo que es una imagen más útil conforme avanzamos por la vida con nuestras propias familias reales. Esta visión de la familia de Jesús, que se mantiene santa a pesar de las dificultades, implica que también puede haber esperanza para la nuestra.

Piensa en esto: Pablo no habría aconsejado a los colosenses que se soportaran unos a otros si no fuera evidente la necesidad de "soportarse", si no creyera que el común de los mortales puede llegar a establecer relaciones sagradas.

Meditación: Con espíritu indulgente, medita o escribe en un diario sobre los momentos menos perfectos de las últimas celebraciones familiares. Pasa rápidamente de anotar a reflexionar sobre qué características del polvo, la suciedad y las tensiones del camino metafórico podrían haber impulsado a otros a actuar como lo hicieron. Deja marchar el resentimiento. Afirma el amor.

Oración: Dios del amor, que mis pensamientos, palabras y acciones siempre obren para afirmar la santidad de mi propia imperfecta y hermosa familia.

1 de enero: Solemnidad de Santa María, Madre de Dios

Tomarse el tiempo para reflexionar

Lecturas: Nm 6, 22-27; Gal 4, 4-7; Lc 2, 16-21

Escritura:
María, por su parte, guardaba todas estas cosas y las meditaba en su corazón (Lc 2, 19).

Reflexión: "Guardar" (o "reflexionar") puede parecer un proceso curioso y anticuado, dado el énfasis actual en la capacidad de decisión rápida. Los contactos en línea exigen respuestas en cuestión de minutos; los gurús de la autoayuda advierten contra una toma de decisiones prolongada. "Pensar demasiado es peligroso", leí la semana pasada en un blog diseñado para dueños de pequeñas empresas. Según su optimista autor, la "parálisis por análisis" corteja el fracaso e implica debilidad de carácter. El artículo recomienda que si te encuentras "titubeando" adoptes de inmediato consejos sencillos para salir de dudas: fija un plazo de dos minutos para dar sentido a un dilema, intenta pensar en términos de "blanco y negro".

María, gracias al cielo, sabía que no era así. Lo mismo ocurre con la secular fraternidad de monjes y buscadores espirituales que han practicado la *lectio divina*. Tal vez te encuentres entre ellos, habiendo aprendido el arte en un retiro o en un taller, o utilizando un texto de estudio bíblico que fomenta una contemplación más profunda. Aunque soy una persona rápida por naturaleza, ahora también sé que no es así, ya que, al escribir reflexiones como ésta, he aprendido que, si leo el texto del día e inmediatamente después comienzo a redactar, lo que resulta es algo mediocre en el mejor de los casos. Sólo a través de la "incubación" en el espíritu paciente de la reflexión (estudiar un texto, y luego simplemente estar con él durante horas o días, aprendiendo a confiar en las conexiones subconscientes, en las vicisitudes diarias y en los susurros del Espíritu Santo) puede evolucionar y profundizarse la inspiración.

¿Dos minutos? Algunos misterios exigen toda una vida de atención si queremos siquiera empezar a apreciar su sutileza magnífica, su matiz amoroso.

Meditación: La cultura popular considera el día de Año Nuevo un momento para hacer propósitos firmes. Sin embargo, el carácter superficial de estas intenciones suele condenarlas al fracaso. En el espíritu de reflexión de María, tómate el tiempo para reflexionar sobre el año que acaba de terminar, reflexionando sobre dónde tu conciencia se halla satisfecha o insatisfecha. Pide pacientemente orientación sobre cómo servir mejor al Misterio en los próximos meses. Escucha. Sigue.

Oración: Cuando aumente la presión para hablar o decidir demasiado deprisa, ayúdame a recordar, Señor, que el primer pensamiento rara vez es el mejor. Ayúdame a esperar la voz del Espíritu Santo.

Reconocer la fuente

Lecturas: 1 Jn 2, 22-28; Jn 1, 19-28

Escritura:
"Entonces dinos quién eres, para poder llevar una respuesta a los que nos enviaron" (Jn 1, 22).

Reflexión: No es de extrañar que se pida a Juan el Bautista que se identifique. No tiene identificación. No es una persona que asiste "habitualmente" al templo. Pero está predicando y bautizando, y su ministerio en el desierto está llamando mucho la atención.

En una reflexión anterior de este libro se mencionaba el carácter distintivo del niño Juan en el arte renacentista. Lo mismo ocurre con las representaciones de él como adulto. Si lo que vieron los interrogadores de Juan se acercaba siquiera remotamente a lo que imaginaban los pintores, ¡no es de extrañar que hicieran preguntas! En un cuadro tras otro, mientras otros se muestran dignos con sus togas, Juan está inevitablemente desaliñado, quemado por el sol, descalzo, con el pelo largo, como un hippie al acecho en la periferia del grupo. Tener éxito en un "¿Dónde está Juan?", al estilo del juego "Encuentra a Wally", en las galerías de arte italianas es de evidentemente fácil.

Hoy diríamos que Juan tenía una "marca" definida, algo que se considera bueno para empresarios y artistas, una identidad propia que lo hizo famoso.

Sin embargo, cuando Juan es acorralado, no se promueve a sí mismo, sino a Cristo. Eludiendo cualquier distinción personal, alaba al que ha de venir, dando crédito a quien lo merece.

¿Cuál es tu "marca" en la comunidad religiosa? ¿Eres el que trabaja con niños discapacitados, el que mantiene la ropa blanca de la iglesia tan inmaculada, el caballo de batalla del consejo parroquial?

Sienta bien que te reconozcan, desde luego. Pero, como Juan, demos siempre, en última instancia, gloria al Dios que nos formó para su servicio.

Meditación: Promete en este nuevo año reconocer la gracia de Dios en cada cosa digna que estés llamado a ofrecer. Practica maravillarte al instante cuando algo útil fluye de tu mano. Agradece humildemente a Dios cada noche por las oportunidades de manifestar los dones que tuviste durante el día.

Oración: Que la distinción de la que más me enorgullezca, oh Dios, sea mi afán de servirte.

Imaginar el cielo

Lecturas: 1 Jn 2, 29–3, 6; Jn 1, 29-34

Escritura:
Ahora somos hijos de Dios, pero aún no se ha manifestado
. . . porque lo veremos tal cual es (1 Jn 3, 2).

Reflexión: Por extraño que pueda parecer hoy en día, a los
lectores de novelas populares de los Estados Unidos del siglo
XIX les encantaban las historias ambientadas en el cielo.
Espoleados por el éxito arrollador de *The Gates Ajar* (Las
puertas abiertas) de 1868 por Elizabeth Stuart Phillips, sur-
gieron ochenta obras de ficción que describían a los muertos
viviendo en casas, formando familias y jugando. Se asegu-
raba a los lectores que el cielo sería como la tierra, pero más
agradable.

Aunque el duelo generalizado causado por la Guerra Civil
ayuda a explicar esta moda en particular, la ficción de ultra-
tumba ha encontrado un público entusiasta en muchas épocas y lugares, y sus ejemplos se extienden desde la *Divina
comedia* de Dante hasta la actual *Desde mi cielo*. Somos una
especie a la que le gusta anticiparse a lo que está por venir,
y ¿qué podría ser más fascinante de precisar que nuestro
destino póstumo?

Imaginar el cielo es una actividad bastante inofensiva,
siempre que prestemos atención a la advertencia de Juan y

recordemos que, por muy reconfortantes que puedan ser, las proyecciones específicas estas son muy limitadas, al igual que nuestras caracterizaciones de Dios como un hombre anciano y de barba blanca.

Aun así, me parece que todo lo que fomente una gozosa ilusión es bueno. Una vieja canción evangélica capta ese espíritu alegre: *"In the sweet by and by, / We shall meet on that beautiful shore"* (Dentro de poco, nos encontraremos en esa hermosa orilla).

Así que esperemos pacientemente a ver qué pasa, confiando en que, aunque no podamos trazar la topografía precisa de ese terreno, sí podemos contar con su dulzura.

Meditación: Cultiva tu propio anhelo del cielo revisando una obra favorita de literatura, música o arte que describa la vida después de la muerte, aunque es cierto que "como en un espejo" (1 Cor 13, 12; *Biblia Latinoamericana*). Si lo prefieres, plasma tus imaginaciones en una obra de arte o compártelas con un amigo de confianza.

Oración: Ayúdame a esperar con gozosa esperanza, Dios fiel, el momento en que seré transformado, confiado en que todo irá más allá de mi imaginación.

4 de enero: Santa Isabel Ana Seton

Un camino revolucionario

Lecturas: 1 Jn 3, 7-10; Jn 1, 35-42

Escritura:
Quien practica la santidad es santo (1 Jn 3, 7).

Reflexión: Si uno ve un retrato de Isabel Ana Seton sin conocer su historia, podría suponer que era una mujer convencional de su época en los Estados Unidos. Vestida decorosamente,
con aspecto virtuoso y bien educada, parece poco probable
que haya hecho algo revolucionario.

De hecho, sin embargo, Seton fue una revolucionaria, una
mujer de ideas inconformistas cuya acción valiente, desin-
teresada y guiada por la fe tuvo un impacto profundo en la
educación y en las posibilidades de las mujeres para la vida
religiosa en los Estados Unidos. Tan extraordinaria era aquella mujer de aspecto tranquilo que se convirtió en la primera
santa de nuestro país.

Nacida en 1774 en el seno de una próspera familia angli-
cana de Nueva York, Seton parecía destinada inicialmente a
una vida feliz como esposa, madre y altruista, hasta que
perdió trágicamente a su esposo. Al negarse a un segundo
matrimonio, a los veintiocho años escandalizó a su círculo
social y alienó a su familia al convertirse al catolicismo (en
aquel entonces considerado como una religión de inmigran-
tes pobres). Se dedicó al servicio público y fundó escuelas

para niñas en Baltimore y en la frontera de Maryland (la actual Universidad Mount St. Mary's). También fundó las Hermanas Americanas de la Caridad.

Al elegir un camino de vida inimaginable para una chica de su educación, Seton sirvió a Dios como líder innovadora. Sus escuelas con visión de futuro respaldaban la capacidad de las niñas como personas de fe y razón; su mentoría de maestras formó una generación de servidoras de fuertes principios. Al soportar la enfermedad, la muerte de seres queridos, el desánimo, la oposición y la controversia, fue un modelo de convicción heroica.

"Ustedes los reconocerán por sus frutos" (Mt 7, 16). En este caso, la lección es clara: la santidad valiente viene, de hecho, en muchos envases diferentes.

Meditación: ¿Qué normas crees que se necesiten cambiar para que se fortalezca el reino de Dios en la tierra? ¿Te impide el miedo a ser juzgado "ahí fuera" tomar medidas para desafiar limitaciones deshumanizadoras? Deja que el Espíritu Santo te guíe en el discernimiento; piensa en cómo puedes empezar a marcar la diferencia como lo hizo Isabel Seton, aunque sea una diferencia pequeña y local.

Oración: Padre Celestial, dame valor para seguir tu llamada más allá de mi zona de confort, haciendo mi parte para ayudar a que venga a nosotros tu reino.

Santidad en lugares comunes

Lecturas: 1 Jn 3, 11-21; Jn 1, 43-51

Escritura:
"¿Acaso puede salir de Nazaret algo bueno?" (Jn 1, 46).

Reflexión: Aunque la comunidad en la que vivo eclipsaría al pequeño pueblo de Nazaret, incluso los forasteros de las zonas más modernas del estado la consideran anticuada e inculta. Incluso los residentes de larga duración asumen con naturalidad que los "famosos" nacidos aquí (atletas profesionales, actores, un instructor de yoga de Peloton) siempre se marchan. Hace poco oí a alguien maravillarse de que el teólogo residente de nuestra parroquia, un hombre muy solicitado a nivel nacional para impartir talleres, eligiera vivir feliz aquí.

¡Qué manera tan triste de considerar el propio nido! Como demuestra ampliamente la historia, las personas extraordinarias pueden aparecer en cualquier lugar: como Francisco, que nació en la aldea de Asís, o san Isidro Labrador, que pasó toda su vida en los campos cercanos a Madrid . . . o Jesús, de Nazaret. Si creemos que las maravillas sólo provienen de lugares lejanos, nos perderemos muchas cosas, como la hipotética vecina de Siena que podría haber dicho sonriendo: "Oh, allá va la loca de Catalina, la hija del tintorero". Afortunadamente, Dios encuentra maneras de animarnos a prestar atención a sus santos, no importa dónde nazcan o vivan. En el caso de Jesús, la señal fue profunda: una voz divina que resonó en su Bautismo. Hoy en día, es probable que los indicios de la elección se manifiesten de forma más sutil, a través de un comentario esclarecedor, un servicio que cambia la vida, un brillo perdurable de bondad o sabiduría que atrae irresistiblemente a los demás hacia quien lo posee. Sin embargo, tales signos estarán ahí para que los veamos, asegurándonos que la santidad encarnada aún vive entre nosotros, en contextos humildes e inesperados, así como en contextos ostentosos y conocidos.

Por humilde que sea, ninguna comunidad queda sin la bendición de Dios.

Meditación: Si te reúnes regularmente con otras personas para orar, estudiar la Biblia o confraternizar, dedica una reunión a compartir historias para apreciar la santidad en tu comunidad. Cada miembro del grupo debe buscar a alguien que lleve una chispa especial de Dios, manifestada de alguna manera específica. Celebra a estas personas extraordinarias, y a su extraordinaria comunidad, con acción de gracias.

Oración: Dios de los humildes, permíteme que nunca dude de tu capacidad de obrar en cualquier entorno, en cualquier persona, incluyendo en los míos y en mí mismo.

6 de enero: *Sábado del Tiempo de Navidad*

Presencia real

Lecturas: 1 Jn 5, 5-13; Mc 1, 7-11 o Lc 3, 23-38 o 3, 23, 31-34, 36, 38

Escritura:
Jesucristo es el que vino por medio del agua y de la sangre . . . que Dios nos ha dado la vida eterna y esa vida está en su Hijo (1 Jn 5, 5-11).

Reflexión: "¡Siento que he pasado *tanto* tiempo en la iglesia durante el Adviento y la Navidad! ¿Y no fue tentador esta mañana, cuando nevaba y estaba oscuro, quedarse durmiendo hasta tarde? Pero aquí estamos, como siempre, las buenas chicas católicas, supongo". Mi amiga sonríe con tristeza al saludarme después de la Misa.

Le sonreí, recordando lo calentita que estaba mi propia cama, y en el cuidadoso camino de regreso a casa me complazco imaginando a todos los santos cómodamente instalados en ese cielo increíblemente cálido y encantador que, en este momento, podrían estar asintiendo en señal de aprobación hacia nosotras, las "buenas chicas católicas". Pienso en un pasaje del Evangelio de hoy que resonó con profunda relevancia a un dilema que estoy afrontando, y abrazo a mi corazón con la alegría que sentí durante uno de mis himnos favoritos.

Recuerdo los periodos de mi vida en los que no iba a la iglesia con regularidad, sintiendo que Dios me había abandonado (o al menos me ignoraba). Lamentablemente imaginaba yo que se estaba vengando. No sólo mi ser espiritual sino también mi ser psicológico sufría en esos intervalos en los que me aislaba de la gracia de la comunidad y de los sacramentos, y las eventuales vueltas a casa eran como maná.

Existe la asistencia y la *asistencia*, por supuesto; reconozco que aún necesito recordármelo. Una cosa es ir de mala gana, obsesionados por las tareas o los placeres pendientes, sin apenas escuchar. Otra cosa es disfrutar realmente la homilía y reflexionar sobre las Escrituras, sentir que la fe se agranda cuando la enciende la belleza trascendental de un rayo de luz a través de una vidriera o el rostro de otra persona iluminado por la alegría o el anhelo.

El término "día de precepto" podría sugerir que vamos a Misa por obligación ante un Dios que necesita nuestra atención para su bien. De hecho, estamos llamados a ir por nuestro propio bien.

Meditación: Recuerda momentos importantes y edificantes que hayas vivido en la Misa. ¿Recibiste ayuda para algún problema específico? ¿Qué te trajo nuevas percepciones o consuelo? ¿Dejaste que esa inspiración influyera en las horas/días/semanas siguientes? Promete buscar ese momento en cada Misa, cultivando activamente sus frutos.

Oración: Cristo amoroso, abre mi espíritu para captar los momentos "sublimes" que ofrece el culto público. Renueva siempre mi hambre de sacramentos.

EPIFANÍA Y BAUTISMO DEL SEÑOR

Verdadera sabiduría

Lecturas: Is 60, 1-6; Ef 3, 2-3a, 5-6; Mt 2, 1-12

Escritura:
Comunica, Señor, al rey tu juicio
   y tu justicia, al que es hijo de reyes (Sal 72, 1).

Reflexión: Tras toda una vida trabajando en un entorno universitario, he llegado a desear que más académicos, y otras personas que aspiran a la sabiduría, incluidos nuestros líderes políticos, se parecieran más a los Reyes Magos. Con demasiada frecuencia, los "sabios" de hoy dedican su tiempo a investigar campos cada vez más estrechamente especializados, defendiendo sus teorías favoritas. Desprecian formas de saber que no son las suyas, buscando prestigio y clientelismo de nicho. Los Reyes Magos, en cambio, extraían los consejos sacerdotales que ofrecían a los reyes de diversas disciplinas, como las matemáticas, la astronomía, la historia, la alquimia y la astrología.

   Esa combinación de estudio amplio y profundo y apertura reverente al "más allá" fue esencial para inspirar la epifanía que hoy celebramos. La cartografía de los cielos y la tierra condujo a los Reyes Magos hasta el Niño Jesús; la apertura para sondar el mensaje divinamente inspirado de un sueño ayudó a frustrar el plan mortal de Herodes.

No hay nada malo en dominar un campo como experto, por supuesto. Sin embargo, cuando basamos nuestros juicios únicamente en una perspectiva estrecha y puramente científica, traicionamos esa herencia humana polifacética y milenaria de conocimiento más profundo tan crucial en la historia de los Reyes Magos.

En este día en el que celebramos a esos venerables seguidores de la "estrella maravillosa", ojalá volvamos a dedicarnos a mirar no sólo hacia abajo, hacia nuestros libros, sino también hacia arriba, hacia el cielo.

Meditación: En nuestra cultura altamente especializada, la toma de decisiones suele basarse en una sola fuente o en la perspectiva de un grupo de expertos. La próxima vez que tengas que decidir algo, toma prestado el espíritu de los Reyes Magos y busca información en múltiples fuentes, en múltiples disciplinas. Evita apresurarte a juzgar y date tiempo y espacio para recibir la guía del Espíritu Santo.

Oración: Dios de la Sabiduría, cuando deba emitir un juicio en mi vida personal, profesional o espiritual, dame el valor de investigar ampliamente y confianza para escuchar tu voz.

La consagración en constante renovación

Lecturas: Is 42, 1-4, 6-7 o Hch 10, 34-38; Marcos 1, 7-11

Escritura:
Hijos de Dios, glorifiquen al Señor,
 denle la gloria que merece (Sal 29, 1).

Reflexión: "¿Por qué hay que bautizar a Jesús si está limpio de pecado?", se pregunta la gente en las clases de educación religiosa. "¿No es el Bautismo un sacramento que limpia el pecado?".

Pues sí. Pero, como nos dicen los teólogos, el Bautismo de Jesús añadió una nueva dimensión a esa limpieza. La limpieza ceremonial practicada por sus contemporáneos judíos era un ritual repetible; el Bautismo de Jesús es una dramática unción única que marca públicamente su sagrada vocación. También es un precedente, como explicó san Máximo, que da una nueva identidad a sus seguidores: "Cuando se lava el Salvador, se purifica toda el agua necesaria para nuestro Bautismo, y queda limpia la fuente, para que pueda luego administrarse a los pueblos que habían de venir . . . a fin de que los pueblos cristianos vengan luego tras él con confianza. . . enciende su luz en los corazones de los creyentes".

El Bautismo, por tanto, es el comienzo formal de nuestras vidas como personas dedicadas al servicio de Dios, como "luces del mundo". ¡Qué enormes responsabilidades, qué alegrías y glorias promete ese estado! El terror de la muerte desaparece, ya que como personas "bautizadas en Cristo Jesús, hemos sido sumergidas en su muerte" junto con su ministerio y estamos obligadas a aceptar su resurrección (Rom 6, 3-4). Somos libres para vivir con paz atenta, para preguntar con absoluta confianza: "¿Qué quieres de mí, Señor? ¿Cómo quieres que te sirva?"

Por lo tanto, para todos los que se cuentan a sí mismos felizmente entre los bautizados, el Tiempo Ordinario, que amanece al final de este mismo día, nunca debería ser sólo "ordinario". Puede que el Adviento y la Navidad hayan terminado por este año, pero nuestra celebración festiva de la presencia de Cristo, nuestro compartir bendiciones unos con otros, continuará a lo largo de todos los días venideros.

Vengan y adoremos.

Meditación: Si hoy fuera el día de tu Bautismo, ¿qué intenciones alimentarías para el año por delante? ¿A qué aspectos de la vida cristiana, a qué formas de servicio elegirías dedicarte? ¿Qué forma tomaría tu adoración? Deja que las respuestas guíen tu camino en el desarrollo del Tiempo Ordinario.

Oración: Dios siempre fiel, que las bendiciones de estos tiempos sagrados de Adviento y Navidad permanezcan en mi alma y me guíen en el camino que tengo por delante.

Referencias

Introducción
Papa Francisco. (8 de diciembre de 2020). *Solemnidad de la Inmaculada Concepción de la Bienaventurada Virgen María.*

3 de diciembre: Primer domingo de Adviento
Santa Teresa de Ávila. (1821). *Exclamaciones del alma a Dios*, 15:3. Parte de *Catecismo de la Iglesia Católica*, 2ª ed. (Conferencia de Obispos Católicos de los Estados Unidos. Libreria Editrice Vaticana, 1997).

8 de diciembre: La Inmaculada Concepción de la Santísima Virgen María
Newman, John Henry. (2015). *God's Will the End of Life: Discourses Addressed to Mixed Congregations* (La voluntad de Dios al final de la vida: Discursos dirigidos a congregaciones mixtas). Aeterna Press.

11 de diciembre: Lunes de la segunda semana de Adviento
Lewis, C. S. (1970). "Milagros", en *God in the Dock: Essays on Theology and Ethics*, (Dios en el banquillo: Ensayos sobre teología y ética) ed. Walter Hooper. Grand Rapids, Michigan: Wm. B. Eerdmans.

15 de diciembre: Viernes de la segunda semana de Adviento
Papa Francisco. (2013). *Evangelii Gaudium*, La alegría del Evangelio, 1. Ciudad del Vaticano: Libreria Editrice Vaticana.

17 de diciembre: Tercer domingo de Adviento
Santo Tomás de Aquino. *Summa Theologica*, Cuestión 28.

Mitchell J. (1974). "Court and Spark", de *Court and Spark* (Corte y Chispa).

27 de diciembre: San Juan Apóstol
Para libros sobre la muerte, véase:
Chittister J. (2008). *The Gift of Years: Growing Older Gracefully* (El don de los años: Saber envejecer elegantemente). Nueva York: BlueBridge.
Rohr R. (2011). *Falling Upward: A Spirituality for the Two Halves of Life* (Cayendo hacia arriba: Una espiritualidad para las dos mitades de la vida). San Francisco: Jossey-Bass.
Swetnam S. (2019). *In the Mystery's Shadow: Reflections on Caring for the Elderly and Dying* (A la sombra del misterio: Reflexiones sobre el cuidado de los ancianos y los moribundos). Collegeville: Liturgical Press.

3 de enero: Miércoles del Tiempo de Navidad
Para una mirada a las primeras expresiones cristianas de este tema, véase Ehrmann B. (2022). *Journeys to Heaven and Hell: Tours of the Afterlife in the Early Christian Tradition* (Viajes al cielo y al infierno: Recorridos por el más allá en la tradición cristiana primitiva). New Haven: Yale University Press.
Bennett S. F. (música), Webster J. P (letra). (1868)."In the Sweet By and By" (Dentro de poco).

8 de enero: El Bautismo del Señor
Sermons of St. Maximus of Turin, Ancient Christian Writers (Sermones de san Máximo de Turín, Antiguos escritores cristianos) Nº 100. (Boniface Ramsey, OP, Trad., 1989). Mahwah, Nueva Jersey: Paulist Press.

REFLEXIONES ESTACIONALES AHORA DISPONIBLES EN INGLÉS Y ESPAÑOL

LENT/CUARESMA

Not By Bread Alone: Daily Reflections for Lent 2024
Catherine Upchurch

No sólo de pan: Reflexiones diarias para Cuaresma 2024
Catherine Upchurch; translated by Luis Baudry-Simón

EASTER/PASCUA

Rejoice and Be Glad:
Daily Reflections for Easter to Pentecost 2024
William Skudlarek

Alégrense y regocíjense:
Reflexiones diarias de Pascua a Pentecostés 2024
William Skudlarek; translated by Luis Baudry-Simón

ADVENT/ADVIENTO

Waiting in Joyful Hope:
Daily Reflections for Advent and Christmas 2024–2025
Jessie Bazan

Esperando con alegre esperanza:
Reflexiones diarias para Adviento y Navidad 2024–2025
Jessie Bazan; translated by Luis Baudry-Simón

Standard, large-print, and eBook editions available. Call 800-858-5450 or visit www.litpress.org for more information and special bulk pricing discounts.

Ediciones estándar, de letra grande y de libro electrónico disponibles. Llame al 800-858-5450 o visite www.litpress.org para obtener más información y descuentos especiales de precios al por mayor.